Bauwelt Fundamente 69

Herausgegeben von Ulrich Conrads
unter Mitarbeit von Peter Neitzke

Giulio Carlo Argan

Gropius
und das Bauhaus

Friedr. Vieweg & Sohn   Braunschweig/Wiesbaden

Titel der italienischen Originalausgabe:
Walter Gropius e la Bauhaus © Giulio Einaudi, Turin 1951.
Deutsche Erstausgabe © Rowohlt Taschenbuchverlag, Reinbek
bei Hamburg 1962. Übersetzung aus dem Italienischen: Hertha Federmann,
bearbeitet von Klaus Kraft

CIP-Kurztitelaufnahme der Deutschen Bibliothek

Argan, Giulio Carlo:
Gropius und das Bauhaus/Giulio Carlo Argan.
[Übers. aus d. Ital.: Hertha Federmann. Bearb.
von Klaus Kraft]. — Repr. d. Erstausg. Reinbek
bei Hamburg, Rowohlt, 1962. — Braunschweig;
Wiesbaden: Vieweg, 1983.
(Bauwelt-Fundamente; Bd. 69)
Einheitssacht.: Walter Gropius e la Bauhaus
⟨dt.⟩
ISBN 3-528-08769-2

NE: Kraft, Klaus [Bearb.]; GT

© Friedr. Vieweg & Sohn Verlagsgesellschaft mbH, Braunschweig 1983
Umschlagentwurf: Helmut Lortz
Das Foto auf der ersten Umschlagseite zeigt das Bauhaus in Dessau,
dasjenige auf der vierten Walter Gropius und die Bauhaus-Meister (1926).
Die Fotos mit den Nummern 7, 9 und 10 stammen von Lucia Moholy.
Die übrigen Abbildungen des Bildteils in der Mitte des Buches wurden vom
Bauhaus-Archiv, Berlin, zur Verfügung gestellt.
Druck und buchbinderische Verarbeitung:
Lengericher Handelsdruckerei, Lengerich
Alle Rechte vorbehalten. Printed in Germany

ISBN 3-528-08769-2

INHALTSVERZEICHNIS

Editorische Notiz

Der vorliegende Reprint stützt sich auf die gegenüber der italienischen Fassung (Einaudi, Turin 1951) — vor allem hinsichtlich des Bildteils — kürzere, vom Autor bearbeitete deutsche Ausgabe (Reinbek bei Hamburg 1962). Einige der Fußnoten oder Anmerkungen beziehen sich auf Veröffentlichungen innerhalb der Reihe ‚rowohlts deutsche enzyklopädie‘, als deren Band 149 Argans Arbeit herauskam; die Mehrzahl der Titel, auf welche hier verwiesen wird, dürfte seit langem vergriffen sein. Der interessierte Leser wird ersucht, sie als Literaturhinweise zu verstehen. Die zusammengefaßten Literaturhinweise auf S. 132 f. entsprechen — da sie, wie der übrige Text, unverändert übernommen wurden — selbstverständlich nicht dem gegenwärtigen Stand der Forschung zu Gropius und zum Bauhaus.

I. BAUHAUS-LEHRE

Die ideellen Ursprünge des Bauhauses

Die Schule für Architektur und angewandte Kunst, die GROPIUS 1919 gegründet und bis 1928 geleitet hat, bedeutet den Abschluß jener Bemühungen, die etwa von der Mitte des 19. Jahrhunderts an darauf gerichtet waren, den Zusammenhang zwischen der Welt der Kunst und der Welt der Produktion wiederherzustellen, eine neue Art formgestaltender Künstler herauszubilden und die künstlerische Arbeit auf das Prinzip des Zusammenwirkens zu gründen. Die unmittelbaren Vorgänger des ‹Bauhauses› waren die von MORRIS * ausgehende Bewegung der ‹Arts and Crafts› und in Deutschland die Kunstgewerbeschule und der Werkbund: Bewegungen, in denen zweifellos das Verlangen des neunzehnten Jahrhunderts, den gesellschaftlichen Charakter der Kunst zu betonen, sich spiegelt, in denen aber die gesellschaftliche Bedeutung nicht als eine zu erfüllende Mission oder als ein zu verteidigendes Ideal aufgefaßt wird, sondern als Charakter oder spezifische Natur des künstlerischen Schaffens überhaupt. Dieser großartige Aufstand der ‹niederen› oder ‹angewandten› Künste gegen die ‹reine› Kunst, der in einer direkten Verneinung aller legitimen und anerkannten Formen enden sollte, ist unzweifelhaft die letzte Phase des Kampfes der Romantik gegen die Diktatur des Klassizismus; zugleich aber ist er auch die erste konkrete Ausformung einer Kunsttheorie als Lehre von einem besonderen menschlichen *Tun*, im Gegensatz zu jedem ästhetischen Idealismus.

Wenn die Kunst nicht länger als eine schöpferische, vom Künstler in begnadeter Inspiration empfangene Offenbarung gilt, sondern als die Vollendung eines Tuns, das in der Welt seinen Anfang und sein Ende hat und das sich ganz und gar in der Gemeinschaftssphäre vollzieht, dann wird das Problem der Formgebung zum Problem der Produktivität schlechthin und nimmt damit von selbst einen sozialen Charakter an. In einer idealen Gesellschaft, die die Klassengegensätze überwunden und eine eigene organische oder funktionelle Geschlossenheit erreicht hat, wird es nicht einmal mehr möglich sein, eine rein ideelle Arbeit — wie sie die Arbeit des Künstlers in der bürgerlichen Gesellschaft in höchstem Grade war — von der untergeordneten, bloß ausführenden Handarbeit zu unterscheiden, noch ein aktives ‹Erzeugen› (das dann ein solches gar nicht mehr sein würde)

---

* Über WILLIAM MORRIS und die ‹Arts and Crafts› vgl. NIKOLAUS PEVSNER, Wegbereiter moderner Formgebung. rde Bd. 33, S. 10 ff und pass. (Anm. d. Red.)

von einem passiven ‹Kunstgenießen›: jeder Akt, der sich in dem Kreis der sozialen Funktion vollzieht, also auch der *Gebrauch* des künstlerischen Erzeugnisses, wird darum selbst etwas Schöpferisches sein und am Werden oder Fortschreiten der Gesellschaft teilnehmen.

Auffassung der Kunst
als Ausdruck des kollektiven Geistes

Der Gegensatz zwischen einer ‹psychologisch-genetischen› und einer ‹ästhetisch-dogmatischen› Auffassung des Stils ist bekanntlich das theoretische Ergebnis kunstgeschichtlicher Forschungen der ‹Wiener Schule› und insbesondere dasjenige RIEGLS; dieser Schule gebührt das Verdienst, zum erstenmal in den anonymen Erzeugnissen des Handwerks das gesucht zu haben, was DEWEY * dann später ‹die Kontinuität zwischen jenen sublimierten und intensivierten Formen der Erfahrung, welche die Werke der Kunst darstellen, und den Gegebenheiten und Wünschen des täglichen Lebens, die allgemein als die Grundlagen der Erfahrung angesehen werden›, genannt hat. Es ist bezeichnend, daß RIEGL dann selbst den Begriff *Kunstgeist* — das heißt Kunst als Ausdruck eines kollektiven Geistes — durch den Begriff *Kunstwollen* ergänzte; dabei setzte er stillschweigend voraus, daß das Handwerk als typische Tätigkeit Ausdruck eines Wirklichkeitsempfindens ist, das man durch *Tun* erlangt. Dieser neuen kunstgeschichtlichen Konzeption (die den anonymen mittelalterlichen Meistern und der technischen Tradition des Handwerks wieder dieselbe Bedeutung zumißt, wie sie die politische Geschichte der stetigen kulturellen Entwicklung des *dritten Standes* zurückgewann) entspricht auf der theoretischen Ebene die Formulierung jenes Prinzips der ‹reinen Sichtbarkeit›, das darauf hinzielt, die Kunst als ‹eine der Erkenntnis dienende Sprache› zu begreifen, das heißt nicht mehr in ihrer ästhetischen Zielsetzung, sondern in ihrem phänomenalen Sein oder in der unmittelbaren Wirkung ihrer formalen Werte.

Fiedler und die Theorie der Sichtbarkeit

Das Bauhaus von GROPIUS, vor allem seinem ursprünglichen Plan nach, kann man als eine unmittelbare Folgeerscheinung und eine logische Weiterentwicklung der FIEDLERschen Kunsttheorie ansehen,

---

* Mit JOHN DEWEY, seinem Werk und seiner Bedeutung befaßt sich eingehend LUDWIG MARCUSE, Amerikanisches Philosophieren. rde Bd. 86, S. 121 ff. (Anm. d. Red.)

die sich in der Tat nicht mehr als Theorie des Schönen, sondern als eine Lehre von der Wahrnehmung darstellt, und zwar von jener besonderen Wahrnehmung, die aus der Ausübung der Kunst hervorgeht und dann ganz naturgemäß in eine künstlerische Erziehungs- und Unterrichtslehre ausmündet.

FIEDLER unterscheidet eindeutig die Kunst als Mittel der Erkenntnis von jeder ‹ästhetischen oder symbolischen Zielsetzung›. Das Schöne ist nicht Ziel der Kunst, es ist ein Element der Wirklichkeit. Insofern das Kunstwerk auch selbst Wirklichkeit ist, ist das Schöne ‹ein Motiv der von der Kunst geschaffenen Wirklichkeit›. Obwohl die Kunst selbst das Schöne erst aus der Erfahrung gewonnen hat, ist es an die phänomenhafte Seinsweise der Kunst gebunden und offenbart sich nur *a posteriori* in der Wirklichkeit des von der Kunst Geschaffenen: es entspricht dem Wohlgefallen, das ein Kunstwerk bereitet.

Als GROPIUS die Schönheit, nachdem er sie in die Grundforderungen der Architektur miteinbezogen hatte, zu definieren versucht, vermeidet er es, in seiner Definition jene Formwerte zu verwenden, die doch die Basis seiner Lehre bildeten: er weist auf die Leichtigkeit der Strukturen, auf die Helligkeit, auf das *plein-air* hin, das die neue Architektur durch die großen Glasflächen verwirklicht, auf das Wohlgefallen, das nicht aus der Betrachtung, sondern aus dem Gebrauch des Kunstgebildes erwächst. Dieses Wohlgefallen, das mit der sich entwickelnden Erfahrung und im konkreten Lebensvollzug entsteht, wird weder mystische Ekstase noch banale Befriedigung materieller Bedürfnisse sein, sondern eine klarere und tiefere Wahrnehmung der Dinge, eine lichtvollere Art des In-der-Welt-seins oder, wie FIEDLER es ausgedrückt hatte, ‹das Wesen der Kunst ist zutiefst einfach: Erhebung der intuitiven Erkenntnis aus einem dunklen verworrenen Zustand zu Klarheit und konkreter Bestimmtheit›: ‹der Anfang aller künstlerischen Tätigkeit ist Erzeugung von Wirklichkeit, und zwar auf die Weise, daß in der künstlerischen Tätigkeit die Wirklichkeit erst ihr Wesen verwirklicht, das heißt ihre konkrete Gestalt nach einer bestimmten Richtung hin erreicht›; ‹die Kunst ist keine willkürliche Bereicherung, kein Mehr an Leben, sie ist eine notwendige Entwicklung des Weltbildes selbst›.

Wie die Kunst nicht danach strebt, die Substanz des Objekts zu vergewaltigen, so strebt sie auch nicht danach, das innere Wesen des Subjekts zu vergewaltigen und in ihm das Schicksal zu verwirklichen. Die äußere Welt ist nicht Gegenstand der Kunst, sie ist deren Bedingung. Ihr Gegenstand ist eine schon von uns losgelöste, gesteigerte, erworbene Wirklichkeit: bedingende Voraussetzung ist die Wirklichkeit, die noch nicht durch Wertkategorien unterschieden und eingestuft wurde, jene, in der wir einfach leben und arbeiten.

9

Die bildende Kunst zeigt uns ‹die Dinge nicht wie sie sind, sondern wie sie erscheinen›, in ihrer scheinbaren Wirklichkeit; das Schwierige jedoch ist, ihre reale Erscheinung zu scheiden von der durch die Sinne wahrgenommenen, die von zuvor erworbenen Erfahrungen, von der Ebbe und Flut der Gefühle verändert ist wie auch von der Zurückhaltung, mit der wir den gegebenen Sinneseindruck aufnehmen, von dem wir schon im voraus wissen, daß er nicht dem verborgenen Wesen entspricht, das von dem urteilenden Verstand erfaßt werden soll. Wenn wir sagen, die Kunst stelle die Dinge dar, wie sie erscheinen, so meinen wir damit nicht die Wahrnehmung durch die Sinne, die ja schon eine Stufe des Denkprozesses darstellt, sondern die reine, von jeder Gefühlsbeeinflussung freie Wahrnehmung: eine, möchte man sagen, vorsinnliche Wahrnehmung. In der Tat ‹kann man die künstlerische Tätigkeit als eine definieren, in der das Werk der Hand ausschließlich vom Auge abzuhängen scheint, von der Beteiligung des Schauens›. Diese Art Wahrnehmung ist folglich mit der Tätigkeit der Hand, mit einem Tun verbunden: das ist es, was in der Wirklichkeit sich vollziehend die Realität erschafft und in der Form offenbart. Der Künstler denkt nicht über die Wirklichkeit nach noch interpretiert er sie, er organisiert und entschleiert sie, indem er sich in die Realität mit jener Klarheit einbezieht, die für sein Menschentum charakteristisch ist.

Die Zeit des *esprit de finesse* ist vorbei, auch für die Kunst kam die Zeit des *esprit de géométrie;* sie steht jetzt mit den positiven Wissenschaften auf der gleichen Stufe: ‹die bedeutendsten Künstler sind stets sehr exakte Geister›.

Es ist leicht festzustellen, wie FIEDLERS Gedanken schon an der Grenze der Phänomenologie stehen; wenn die Kunst, bei absoluter Vereinigung von Subjekt und Objekt, sich in der Wirklichkeit vollzieht und in ihr arbeitet, so bringt sie nicht mehr ein nur generelles *Sein* hervor, sondern ein Sein in der Wirklichkeit, ein *Darin-Sein,* ein *Dasein.* Sie vollzieht sich ganz in der Zufälligkeit, am Ort und im Augenblick des Schaffens; das Bild der Welt, das sie enthüllt (und die Welt hat mit Notwendigkeit kein Bild, es sei denn in der Kunst), ist kein feststehendes, unbegrenztes, panoramaartiges Bild, es ist ein Bild, das sich mit unserer aktiven Tätigkeit formt und entwickelt.

Selbst FIEDLER entgeht es nicht, daß diese Vorstellung von der Kunst den Zusammenbruch aller ästhetischen Systeme, die Krisis der großen geschichtlichen Werte voraussetzt: ‹man klagt über den Verfall und die Entwertung der Kunst. Und doch kann ihre wahre letzte Würde nur auf diesem Weg gefunden werden; das was bis jetzt so genannt wurde, war nur trügerischer Glanz. Diese Tatsache aber ist nur Teil eines allgemeinen Phänomens: in der modernen geistigen Entwicklung sind viele Dinge entwertet worden, die dem vergangenen Leben Bedeutung, Würde und Schönheit gaben. Doch wie es nutzlos ist, sie wieder auf den früheren Platz zurückstellen zu wollen, so darf man auch nicht glauben, die Welt müsse nun in Gewöhnlichkeit versinken, wenn sie ein für allemal mit diesen Dingen bricht und sich mit der Wirklichkeit der Dinge befaßt.›

Die Krise der künstlerischen Produktivität: der Gegensatz zwischen Kunsthandwerk und Industrie

FIEDLERS theoretische Grundsätze, die die Kunst als ‹schöpferische Betrachtung› oder als unbegrenztes Schöpfertum auffaßten, konkretisierten sich bei GROPIUS zu einem bestimmten geschichtlichen Problem: dem Gegensatz zwischen Handwerk und Industrie als innere, noch ungelöste Antithese der Produktionskraft der modernen Gesellschaft. Die Kunst könnte helfen, diese Gegensätzlichkeit auszulösen, wenn sie einen Weg findet, die Mittel der Industrie zu ihren eigenen zu machen und so auch selbst aus der historischen Phase des Handwerks in die Phase der Industrie überzugehen.

NIKOLAUS PEVSNER, dem wir eine glänzende Darstellung der ideologischen Ursachen der modernen Kunstbewegung verdanken *, stellt GROPIUS ans Ende einer Ideenentwicklung, die mit RUSKIN und MORRIS ihren Anfang genommen hat. Die Zeitumstände, in deren Rahmen sich der Kampf dieser zwei ‹Pioniere› abspielte, sind bekannt: die rapide Entwicklung der Industrie führte zu einer Krise innerhalb des Handwerks; die Industrie wiederholte mechanisch die handwerkliche Form, zerstörte dabei die Geistigkeit des künstlerischen Tuns und erzeugte einen erschreckenden Verfall der Kultur und des Geschmacks; es mußte folglich dem Handwerk sein künstlerisches Prestige und seine wirtschaftliche Funktion wiedergegeben werden. Doch die überwältigende Konkurrenz ist nicht die einzige Ursache des Niedergangs im Handwerk; eine andere, ältere und mehr innere liegt in der klassizistischen und akademischen Auffassung der Kunst, die dem Handwerk einen untergeordneten zweitrangigen Platz zugewiesen, es auf eine sklavische Stilnachahmung beschränkt und von seinen alten religiösen Idealen losgelöst hatte. Der Individualismus hat aus der Kunst, die Ausdruck der Demut vor dem Wunder der Schöpfung gewesen war, einen Ausdruck des Hochmuts und der Selbstherrlichkeit gemacht; der Hochmut aber ist ein Geist der Lüge; um den Geist der Wahrheit zurückzugewinnen, muß man dem

---

* s. den bereits zitierten Band 33 der rde: ‹Wegbereiter moderner Formgebung›. (Anm. d. Red.)

Individualismus entsagen, zur künstlerischen Moral der ‹Primitiven› zurückkehren, zur Zusammenarbeit, zur Gemeinschaft der Künstler. Die Einbeziehung dieses sozialen Faktors in die künstlerische Arbeit wird ihre Wirkungskraft innerhalb des sozialen Bereichs sicherstellen. Die Bewegung der *Arts and Crafts* wollte die Wiederherstellung einer künstlerischen Gemeinschaft erreichen, die fähig ist, für die Produktion ‹stilbildend› zu wirken.

In Deutschland hat sich die Entwicklung der Industrie viel langsamer vollzogen als in England, und der Widerstand des Handwerks war viel hartnäckiger; die alte handwerkliche Tradition identifizierte sich mit der nationalen Tradition. Der ‹Sinn für das Praktische› der Engländer, deren Symbol die Industrie zu sein schien, bedeutete zugleich eine fremde Bedrohung der nationalen Tradition und eine positivistische Bedrohung des deutschen Idealismus.

Die Sachlichkeit: ihre Aufgabe und ihr Wesen

In Deutschland war es HERMANN MUTHESIUS, der die Ideen von MORRIS weiterverbreitet hat. Doch er gibt sich nicht der Täuschung hin, das Handwerk in seiner alten wirtschaftlichen und sozialen Bedeutung wiederherstellen zu können, und erkennt in der Industrie den entscheidenden Faktor des Fortschritts. ‹Der Mittelstand — so hatte MARX geschrieben —, kleine Industrielle, kleine Kaufleute, Handwerker, Landwirte, bekämpfen das Bürgertum, um ihre Existenz als Mittelstand zu erhalten. Sie sind demnach keine Revolutionäre sondern Konservative, vielmehr Reaktionäre, weil sie das Rad der Geschichte zurückzudrehen versuchen.› Die Handwerker als Stand sind dazu bestimmt zu verschwinden; und wenn ein Stand verschwindet, so erbt sein Nachfolger seine Erfahrungen, oder die Zivilisation müßte immer wieder von vorn anfangen. Die Industrie wird jetzt der Gesellschaft die Kunst liefern, die die Handwerker nicht mehr hervorzubringen vermögen, doch sie wird sich nicht darauf beschränken dürfen, die vom Handwerk geschaffenen Typen in Serien zu vervielfältigen, sie muß Spezialtypen für die maschinelle Fertigung in Serien schaffen. Nur die durch die Maschine hergestellten Gegenstände ‹sind der wirtschaftlichen Natur unserer Epoche entsprechende Erzeugnisse›; sie werden den neuen Stil, den *Maschinenstil*, bestimmen.

Der deutsche Begriff, der dem englischen ‹Sinn für das Praktische› entspricht, ist der der *Sachlichkeit*: doch während der auf Erfahrung beruhende englische Sinn für das Praktische sich in Lebenskomfort auflöste, bedeutet die *Sachlichkeit* Objektivität und Konkretheit, exakte, überlegte Entsprechung der Dinge mit ihrer Funktion, der

Form mit ihrem Gebrauch. Der Sinn für das Praktische ließ einen Ausweg zum Poetischen offen, zum Naturgenuß, zu allem, was irgendwie eine Erleichterung von den unmittelbaren Sorgen des Lebens verschaffen kann; auf diesem Wege kann man dahin kommen, die ganze Praxis des Lebens in leidenschaftlichen, kosmischen Naturgenuß aufzulösen und wie WRIGHT aus der Architektur eine Dichtung zu machen, in die man sich nicht flüchtet, sondern in der man lebt. Die *Sachlichkeit* verschließt diesen Ausweg, weil die Übereinstimmung des Objekts mit seiner Funktion so genau ist, daß der Wert, ja selbst das Sein des Objekts mit dem Aufhören der Funktion ein Ende hat. Trotzdem würde dabei das Objekt zu einem bloßem Werkzeug herabsinken (und notwendigerweise nicht einmal als solches fortbestehen, weil es keine eigene Form mehr besäße, sondern nur noch ein verkümmerter Notbehelf sein würde), wenn nicht aus der keineswegs zufälligen Struktur, aus seiner mit der Zeit durch lebendige Erfahrung erlangten Perfektion eine Eigenwertigkeit der Form, die Verwirklichung einer ‹immanenten Schönheit› hervorginge.

Dies ist es, was wir *Qualität* nennen. Die Schönheit ist etwas über den Kunstgegenstand an sich Hinausgehendes, eine Summe von Wechselbeziehungen verschiedener Werte, nach denen sich die für technische und andere Zwecke bestimmten Gegenstände gleicherweise ausrichten müssen; Qualität jedoch ist eine dem Objekt allein zugehörige, am Ende eines bestimmten technischen Prozesses sich ergebende, nicht übertragbare Vollkommenheit und darum auch nicht mehr in einem allgemeinen Gesetz, sondern nur in der besonderen Eigentümlichkeit der Form selbst erkennbar. Daraus geht klar hervor, daß jene Eigentümlichkeit der Form, da sie nicht auf allgemeine Grundsätze zurückzuführen ist, von nichts anderem bestimmt werden kann als von ihrer Übereinstimmung mit dem ihr zugedachten Gebrauchszweck: diese Übereinstimmung ist es, die den historischen Zeitpunkt bezeichnet, in dem das Kunstwerk sich ereignet.

Der Deutsche Werkbund

Der ‹Deutsche Werkbund› (1907), der die von MORRIS ausgehende Bewegung der *Arts and Crafts* in ein System bringt und sich damit gleichzeitig ihr widersetzt, hat das Ziel, ‹alle vorhandenen Kräfte zusammenzufassen, um in der industriellen Arbeit zur Qualität zu gelangen›. Bei der Eröffnung der ersten Jahresversammlung des Werkbundes erklärte THEODOR FISCHER: ‹Es ist nicht die Maschine, die eine Arbeit zu minderwertig macht, sondern unsere Unfähigkeit, sie richtig zu gebrauchen.› Mit anderen Worten: unsere künstlerische Schöpferkraft befindet sich noch unter der Kulturstufe, die die

Maschine hervorgebracht hat; die Kunst oder das, was wir mit diesem Namen bezeichnen, umfaßt eine sehr viel engere Wirklichkeit als jene, die von der Wissenschaft und der modernen Technik umfaßt wird; der künstlerische Individualismus führt in einen sehr viel beschränkteren Erfahrungsbereich als jener, den die Industrie als kollektive Tätigkeit der modernen Welt erschließt.

Darum erweitert und klärt der Werkbund MORRIS' Auffassung von der Kunst als einem Gemeinschafts-Produkt. Da die Maschine keine Einwirkung des Handwerks während des Ausführungsprozesses zuläßt, müssen alle Probleme der Brauchbarkeit des Materials, der Technik, der Wirtschaftlichkeit und der Produktion schon *a priori* im schöpferischen Entwurf gelöst werden, der aus der Koordinierung von Erfahrungen mit anderen gleichzeitig wirkenden Kräften hervorgeht. Theoretisch gesehen ist das Kunstwerk stets das Gemeinschaftsprodukt einer bestimmten Gesellschaft, die mit ihm einer bestimmten Forderung entspricht. Die Maschine tut nichts weiter, als den geprägten Entwurf zu empfangen und zu vervielfältigen; die Ausführung ist in dem schöpferischen Entwurf schon enthalten und ihrem ganzen Umfang nach vorgesehen. Diese beiden Momente vorausgesetzt, ist das Produkt beides: ganz Theorie und ganz Praxis; wie es notwendigerweise auch sein muß, da die Praxis (die Technik), indem sie sich der Entwicklung der modernen Wissenschaft angeglichen hat, die Funktion der Theorie (den Entwurf) in sich aufgenommen und ersetzt hat.

Es sollte die Aufgabe der Bauhaus-Lehre werden, diese letzte Forderung zu erfüllen: Da es die traditionelle Aufgabe der künstlerischen ‹Praxis› war, die Idee oder Theorie in einer konkreten und konstruktiven Naturerfahrung zu verwirklichen, findet die Epoche des Naturalismus oder des künstlerischen Intellektualismus endgültig ihren Abschluß, indem man, die Stufe der Theorie und Praxis voraussetzend, die beiden Begriffe des alten Dualismus zu einer Einheit zurückführte.

Die industrielle Architektur

Wenn dies die ideologische Herkunft ist, so liegt die architektonische Tradition, die die Bauhaus-Lehre vorbereitet, in der deutschen Industrie-Architektur.

Als das Bauhaus entstand, war das Pionierzeitalter der Zement- und Eisenkonstruktion an die Grenze jener neuen Monumentalität gelangt, deren typisches Beispiel der Symbolismus der ‹Art Nouveau› des Eiffelturms darstellt. Den typischen Stil des *fin de siècle* einer kosmopolitischen Moderne, einen vorurteilslosen und zuweilen paradoxen Stil, vertritt Österreich: OTTO WAGNERS Schule konnte sich wohl in die äußerlich scheinbar gegensätzlichen Richtungen von OLBRICH und LOOS spalten, doch die kalte, elegante Prosa von LOOS bleibt das Gegenstück zu der Poesie und Musikalität OLBRICHS.

In Deutschland kräuselte der Windstoß des Jugendstils kaum die Oberfläche der Problematik der Architekturfrage, die bis auf KANTS Definition vom Schönen und Nützlichen zurückreicht und die sich über HEGELS These von der Architektur als Symbol allmählich bis zur Theorie von der *Einfühlung* weiterentwickelt hatte, welche die Architektur als eine Verschmelzung der inneren und äußeren Welt in die Einheit der Form auffaßt und Ausdruck unseres tiefen Beteiligtseins an der inneren Dynamik des Realen ist.

VAN DE VELDE *, ein begeisterter Anhänger der Ideen von MORRIS, erstrebt die Verwandlung der Arabeske, die gleichzeitig Linie und Farbe sein kann, in eine ‹expressive Linie› und umgeht dabei die formale Bestimmtheit der einen wie der anderen. Vertikale und Horizontale bewahren noch den symbolischen Sinn vom geistigen Aufschwung und naturalistischen Ausströmen, der *Einfühlung;* die gespannteren oder mehr gelockerten Kurven streben nach Ausgleich, sie umschreiben den Übergang von einem Zustand der Seele in einen anderen.

Wir stehen an der Schwelle des architektonischen Expressionismus. Die dramatische, typisch deutsche Zuspitzung des ewigen Gegensatzes zwischen Geist und Materie drückt sich in dem erzwungenen Nebeneinander von Linien und Massen aus, den Symbolen für das Geistige und Naturhafte. In der Linie sucht das ursprüngliche Element, die reine erhabene Geistigkeit der Form, seinen Ausdruck; und wie diese unsichtbare geistige Kraft nur durch das Mittel der Antithese darstellbar ist, durch eine Verfeinerung, die die Materie sublimiert und verflüchtigt, doch sie voraussetzt, so ist die Linie eine Vergeistigung der Masse, die sie jedoch auch voraussetzt. Die Masse befreit sich in scharfen Profilen, in Ebenen, die sich, einer geheimen Spannung folgend, biegen, in Körpern und Hohlräumen, die nicht in einer plastischen Gestaltung des Raumes ihren Ausgleich finden, sondern sich gleichzeitig überlagern und einander entgegenstellen gleich bewegungsträchtigen Elementen des Chaos.

Der Endpunkt dieses Strebens nach Vergeistigung ist der Expressionismus von MENDELSOHN **: die letzte Konsequenz einer Architektur als Symbol, einer Architektur wie Musik, die auch Ausdruck von geheimnisvollen Urkräften ist, die sich empören und danach streben,

---

* Über HENRY VAN DE VELDE vgl. NIKOLAUS PEVSNER, a. a. O., S. 19 ff pass. (Anm. d. Red.)
** ERICH MENDELSOHN (1887–1953), einer der bedeutendsten deutschen Architekten nach dem Ersten Weltkrieg, bis 1933 in Berlin tätig (Columbushaus, Berlin; Einsteinturm, Potsdam). (Anm. d. Red.)

im Geistigen Befreiung zu finden. Die industrielle Architektur geht aus derselben ideologischen Wurzel hervor und spiegelt dieselbe historische Lage. Die deutsche Industrie hatte nun ihr langes Anfangsstadium überwunden und setzte das ganze Leben der Nation in einem gigantischen produktiven Kräfteaufgebot ein: Man glaubt nicht länger an eine bessere Ausnutzung und eine gleichmäßigere Verteilung der Gaben der Natur, sondern an die Möglichkeit, sie mit Hilfe der Technik zu vervielfältigen und neue künstliche schaffen zu können. Dieser zyklopische Kräfteausbruch erscheint als eine kollektive Wiedergeburt der deutschen Seele; in der frommen Gewissenhaftigkeit der industriellen Arbeit sollte endlich die volle Herrschaft des Geistes über die Materie erreicht werden.

Die von BEHRENS und POELZIG erbauten Fabriken stellen ein lebendiges Bild des kapitalistischen Gedankens als einer Art religiöser Berufung dar. Es gibt nun keine *a priori* angenommenen Symmetrien, Proportionen und räumlichen Beziehungen mehr; keine Übereinstimmung mit der Natur, die die architektonischen Formen nach ihren Gesetzen regelt. Die Massen gliedern sich nach einem Gesetz, das von der in ihnen sich vollziehenden Arbeit diktiert wird; die Bauformen bilden sich in einem Prozeß, der der Prozeß der rohen Materie selber ist, die sich siedend in den Hochöfen läutert, weißglühend in Trichtern niederstürzt, in gewundenen Leitungen kreist, unter den Walzwerken und Zieheisen fortläuft und endlich die Ausprägung zu einer klaren, exakten, mathematischen Form empfängt. Die Fabrik ist nicht mehr nur ein Ort, wo man arbeitet, sie ist ein menschliches Werkzeug geworden, eine ungeheure Maschine, in deren Innerem Tausende von Menschen einer unbeugsamen Ordnung folgend sich bewegen: sie ist die erhabene Synthese von Maschine und Mensch, eingesetzt in dem rationellen Arbeitsprozeß, der die Materie dem Geist unterwirft.

Diese Architektur schafft eine auch für die ‹technische› Architektur gänzlich neue Formerfahrung, in deren Bannkreis sich in Frankreich Männer wie GARNIER und PERRET, in der Schweiz MAILLART bewegten. Die neue Raumidee gründet sich nicht nur auf die inneren Eigenschaften von Elastizität, Spannung, den Anreiz der neuen Baustoffe, sondern auf die Organisation, den Zusammenhang, die Mechanik der menschlichen Arbeit.

Es ist unmöglich, den neuen Formen mit den gewohnten naturalistisch begründeten Formkategorien der Masse, des Volumens, des Gleichgewichts zwischen Körper und Hohlraum, der formenden Wechselbeziehung zwischen Last und Stütze gerecht zu werden, weil der Rhythmus der mechanischen Arbeit selbst, durch den die Form gebildet wird, im Widerspruch zur Natur steht, ihre Grenzen überschreitet und ihre festen Gesetze verletzt. Ebenso unmöglich ist es, jene Formen einem vorgefaßten, unveränderbaren, geometrischen Raum einzuordnen, weil der tatsächliche Raum jener Architektur durch seine Funktion bestimmt wird; er kann sich, wenn überhaupt, dem Raum angleichen, den HEIDEGGER in Beziehung zur ursprünglichen Haltung unseres ‹In-der-Welt-seins› definiert: als einen Raum, der gleichzeitig eine zu überwindende *Entfernung* und eine Verteilung der Dinge in einer gegebenen *Ausrichtung* darstellt, die unserem Bedürfnis, sich ihrer zu bedienen entspricht, das heißt also, eine Gesamtheit von Räumen, Entfernungen und Richtungen, in die wir selbst miteinbezogen sind und die ihre Wertigkeit ändern in dem Maße, wie unsere Stellung zum Ganzen sich ändert.

Das *Tun* wird somit zur Grundbedingung für jede Raumgestaltung. Wenn sich die Wirklichkeit für unsere Betrachtungen früher harmonisch aufbaute und sich in einem klaren Gleichgewicht der Beziehungen und Proportionen darstellte, so offenbart sich nun der Raum, der sich aus dem Tun ergibt, in der Dynamik der Rhythmen, in dem Wachstum der Form in unbestimmter Ausdehnung, nach unendlichen Richtungen hin. Wenn die Wirklichkeit in der klassischen Architektur, im voraus in Raumverhältnissen festgelegt, sich in eine bestimmte Materie oder in mehrere bestimmte Materien umsetzte, die auf dieselbe plastische Einheit zurückzuführen sind, so setzt sich nun hier die Wirklichkeit in Raum um, ohne sich der Materie zu entfremden, vielmehr von Mal zu Mal sich in den verschiedensten Materien ausdrückend: die Form ist zum Teil der Materie, zu ihrer *Eigenschaft* geworden.

Die theoretischen Voraussetzungen für Gropius

GROPIUS beginnt seine Laufbahn als Mitarbeiter im Atelier von BEHRENS; seine künstlerische Entwicklung vollzieht sich im Umkreis des Werkbundes und der deutschen Industrie-Architektur. Die ersten Aufgaben, die er sich stellt, betreffen die künstlerische Gestaltung, das heißt die Entstehung der Form und ihre Entwicklung.

Ab 1910 legt er die ersten Umrisse einer Reform der künstlerischen Arbeit fest, indem er mit BEHRENS ein Memorandum über die industrielle Vorfabrikation für das Bauwesen ausarbeitet. Während des Krieges verwandelt sich dieser erste Entwurf in einen Plan zur Reform des künstlerischen Unterrichts. Kaum vom Militär entlassen, erhält GROPIUS für seinen Plan auch schon die Unterstützung des Großherzogs von Sachsen-Weimar und übernimmt die Leitung der Hochschule für Bildende Kunst und der Großherzoglich-Sächsischen Kunstgewerbeschule in Weimar. Aus der Verschmelzung der beiden Institute entsteht das Bauhaus, mit einem vom Werkbund nicht sehr verschiedenen Programm, doch von einer methodischen Strenge, die auch die letzten Spuren des vagen Ästhetizismus auslöscht, den der Werkbund von der Bewegung der *Arts and Crafts* geerbt hatte. GROPIUS beabsichtigt nicht, das Handwerk zu zerstören. Zwischen dem Handwerk und der Industrie, aufeinanderfolgende Stadien in der Geschichte der Gesellschaft, soll die Kontinuität der Entwicklung gewahrt bleiben, das Handwerk soll zur Industrie fortschreiten; wenn diese Industrie nicht das Resultat dieser Entwicklung bildet, wird ihre ungeheure Kraft zerstörerisch wirken.

‹Es liegt im Wesen des menschlichen Geistes, sein Arbeitswerkzeug immer mehr zu vervollkommnen und zu verfeinern, um den materiellen Arbeitsprozeß dadurch zu mechanisieren und die geistige Arbeit so nach und nach zu erleichtern. Eine bewußte Rückkehr zum alten Handwerk wäre daher ein atavistischer Irrtum. Handwerk und Industrie von heute sind in ständiger Annäherung begriffen und müssen ineinander aufgehen zu einer neuen Werkeinheit, die jedem Individuum den Sinn der Mitarbeit am Ganzen und damit den spontanen Willen zu ihr wiedergibt. In dieser Werkeinheit wird das Handwerk der Zukunft das Versuchsfeld für die industrielle Produktion bedeuten, seine spekulative Versuchsarbeit wird die Normen schaffen, für die praktische Durchführung, die Produktion in der Industrie.›*

Der alte Stand der Handwerker ist zahlenmäßig ungenügend und erneuert sich zu langsam, um der Industrie das Führungspersonal und die Arbeiterschaft liefern zu können, die sie braucht und die sie aus all denen anzuwerben sucht, die Erfahrung in handwerklicher Arbeit besitzen. Zwischen dem Werkzeug und der Maschine existiert kein Unterschied der Qualität, sondern nur der Quantität oder der ‹Abstufung› nach; die Maschine wird kein positives Ergebnis bringen, wenn der, der sich ihrer bedient, nicht mit dem Handwerkszeug umzugehen weiß: so wird der mechanische Arbeitsprozeß nicht das Gefühl oder Verständnis für das Material zerstören, das man nur durch die Bearbeitung des Materials mit den geeigneten Werkzeugen erwirbt.

Aus diesen Voraussetzungen folgen zwei Konsequenzen. Wenn die Ausbildung des Handwerkers in dem Übergang von der Beherrschung des Werkzeugs zu der der Maschine besteht, so wiederholt sein Bildungsgang den Entwicklungsprozeß vom Handwerk zur Industrie: die Kunstschule ist folglich eine Gesellschaft *in nuce,* weil der Erziehungsprozeß den sozialen Entwicklungsprozeß wiederholt.

---

* Sämtliche Zitate von GROPIUS sind, gelegentlich etwas gekürzt, den deutschen Ausgaben seiner Schriften entnommen. (Anm. d. Red.)

Die erste Periode des Bauhauses in Weimar wird auch tatsächlich durch die Zugrundelegung von Methoden und Arbeitsvorgängen des Handwerks im Unterricht und den zugleich expressionistischen wie volkstümlichen Ausdruck der Erzeugnisse charakterisiert. Es ist die Phase, die wir die ‹volkstümliche› nennen können, insofern sie im Wesen des Handwerks den unmittelbaren Ausdruck für ein Volks-*Ethos* oder die Summe der Erfahrungen sucht, die eine Tradition begründen; doch zu gleicher Zeit wird zugegeben, daß dieses *Ethos* keine Form finden, nicht die Roheit und Naivität der Volkskunst überwinden, nicht auf eine Stufe echter Kultur gelangen könne, es sei denn durch einen Vermittler, den Künstler, den Vertreter einer anderen, einer höheren und führenden Klasse.

Das Werkzeug und in weiterem Ausmaße die Maschine arbeiten mit der Materie, und indem sie die Qualität herausschälen, gestalten sie sie zur Form. Schon RUSKIN und MORRIS hatten im Gegensatz zur klassischen Auffassung von der Natur die Materie als den gegebenen Ursprung der Erfahrung betrachtet. Die klassische Auffassung beruhte auf der Unterscheidung zwischen Subjekt und Objekt und sah die kontemplative Haltung als die charakteristische Haltung des Geistes an, das heißt einer Menschheit, die die ihr eigene Stofflichkeit überwunden und überstiegen zu haben behauptet. Statt dessen stellt die Materie die vor-naturalistische Wirklichkeit dar, die nicht durch Kontemplation erschlossen wird, deren Erfahrung man nur erwirbt, indem man sie mit dem unentbehrlichen Hilfsmittel, dem Werkzeug, bearbeitet.

Internationaler Charakter der Kunst

Das Werkzeug ist einerseits nicht nur eine Erweiterung unserer Aktionsmöglichkeit, eine stärkere und geschicktere Hand, die uns gestattet, mit gewissen Eigenschaften der Materie in Berührung zu kommen, die sonst unserer Erfahrung entgehen würden; es ist zugleich auch eine genaue Bestimmung der Tätigkeit, weil sich in seiner Form eine Folge von Erfahrungen zusammendrängt, die die Tätigkeit in eine bestimmte Richtung lenkt und sie zwingt, sich in einem bestimmten Arbeitsvorgang abzuwickeln. Mittels des Werkzeuges, Instrument eines Schopenhauerischen Willens, dringt man in die Materie ein, lebt in ihr, bis man sie als Form oder Darstellung bewältigt hat.

Da sich das, was wir als die ‹nationalen Konstanten› der Kunst bezeichnen, stets in einer besonderen Weltanschauung manifestiert, wird eine Aktivität, die sich innerhalb eines vor-naturalistischen Bereiches entwickelt, von jedem nationalen Charakter frei sein. Die

Krisis der Natur trifft in der modernen Kunst mit der Krisis der Geschichte zusammen und mit dem Streben, wieder zu übergeschichtlichem, antinaturalistischem und internationalem Ausdruck zu gelangen. In der Tat nimmt die Bauhaus-Lehre von der Feststellung ihren Ausgang, daß sich zum erstenmal ein internationales Ideal zu einer präzisen geschichtlichen Greifbarkeit verdichtet hat. So wie das neue Wirklichkeitsbewußtsein ein ungeheuer viel weiteres Erfahrungsfeld als die ‹Natur› beansprucht, so entfaltet sich das moderne Leben in einer ungeheuer viel weiteren Sphäre als der der ‹Nation›. An die Stelle des Geschichtsbewußtseins, dessen zugleich extremste und erbittertste Äußerung der Abscheu und die Flucht der ‹Fauves› und der Expressionisten vor der Geschichte waren, tritt nun die reine Vernunft als absolute Wirklichkeit: sie ist es, die nach und nach die Widersprüche des Expressionismus, der immer zwischen einem krassen Realismus und einer abstrakten Religiosität hin und her schwankte, berichtigt und beseitigt.

Das Bauhaus mit seiner strengen Rationalität will die Voraussetzungen für eine Kunst ohne Inspiration schaffen, die nicht die Realität der Wahrnehmung poetisierend entstellt, sondern gesetzmäßig eine neue Wirklichkeit aufbaut. Im Mythos von der Inspiration oder der Spontaneität und seinem aus geheimnisvollen überirdischen Quellen strömendem Ursprung erkennt man die Anmaßung des nur einer Elite zugestandenen Privilegs, die göttliche Botschaft der Kunst zu empfangen und weiterzugeben, um einer nicht erleuchteten, zu dauernder Minderwertigkeit verdammten Masse als Führer zu dienen. Im Grunde aber trifft man damit die letzten Handwerker, die das Bürgertum aufrief, um die eigene Krisis vor sich selbst zu verleugnen und das eigene Prestige zu wahren: die vagen ästhetischen und geistigen Ansprüche, mit denen sie den Klassenegoismus maskieren, das Sichbrüsten mit einem edlen geistigen Märtyrertum angesichts der ‹brutalen Gewalt› der Massen, die erlogene Erkenntnis der eigenen Schuld (man denke an die antibürgerliche Polemik, die sich selbst der Faschismus aneignen sollte und die in Wahrheit nur die Revolte des neuesten Bürgertums gegen die eigenen fortschrittlichen und liberalen Traditionen war).

Es ist nicht verwunderlich, daß im Nachkriegs-Deutschland die kompromißlose Rationalität des Bauhauses und sein internationalistisches Programm einen noch sehr viel ernsteren Skandal als die ideologische Konvulsion des Vorkriegs-Expressionismus hervorrufen mußten. Dieser hatte im Grunde eine Krankheit widergespiegelt, in der sich das deutsche Bürgertum gefiel, und gab dieser Gesellschaft, die nichts anderes begehrte als zu sündigen, die alte Lutherische Empfehlung: kräftig zu sündigen; doch er ließ sie dabei die Möglichkeit einer Gnade ahnen, die sie selbst im Augenblick der schlimmsten Gewalttätigkeit noch erreichen konnte (eines Sieges vielleicht, der ihr die Herrschaft über das gehaßte und zugleich umworbene Europa geben würde); während die Rationalität des Bauhauses sie kaltherzig der unbestreitbaren geschichtlichen Realität einer Niederlage gegenüberstellte, deren Bezahlung sie zur Aufgabe jenes krankhaften, zweideutigen Balancierens zwischen Gewalttätigkeit und Erhabenheit zwang.

Alle Anstrengungen GROPIUS', das Bauhaus außerhalb jeglicher Ideologie und jeglicher politischen Gegensätze zu halten, vermochten nicht die erbitterte Feindschaft desselben Bürgertums abzuwenden, an das sein Programm sich vertrauensvoll gewandt hatte. Gegen das Bauhaus verbündeten sich: das offizielle Künstlertum, das die Kunst als ein Mysterium und seine Ausübung als das Privileg einer Kaste ansah; das traditionelle, konservative Handwerk, die höhere Bürokratie, die rechtsstehenden, auf das Großkapital gestützten Nationalisten. Das Bauhaus unterstützten: die mehr technisch eingestellten Männer der Industrie und die Intellektuellen. Als im Jahre 1925 die Feindschaft der reaktionären Gruppen das Bauhaus zwingt, Weimar zugunsten einer weniger rückständigen Umgebung zu verlassen, trägt der edle, an die Regierung des Landes Thüringen gerichtete Protest unter vielen anderen die Unterschriften von BEHRENS, EINSTEIN, OUD, GERHART HAUPTMANN, LUDWIG JUSTI, MIES VAN DER ROHE, SUDERMANN, POELZIG, PANKOK, HOFFMANN, HOFMANNSTHAL, KOKOSCHKA, MAX REINHARDT, SCHÖNBERG, STRYGOWSKY, WERFEL, MUTHESIUS. Im selben Jahr übersiedelt das Bauhaus mit Lehrern und Schülern nach Dessau, wo nach den Entwürfen von GROPIUS sich der neue Wohnsitz erheben sollte. Doch drei Jahre später muß GROPIUS die Leitung der Schule aufgeben, die zunächst von HANNES MAYER, dann von MIES VAN DER ROHE übernommen wird.

Die Feinde des Bauhauses finden in den Nationalsozialisten ihre natürlichen Verbündeten, und als HITLER zur Macht gelangt, ist der Kampf schnell entschieden: das Bauhaus wird offiziell im April des Jahres 1933 aufgehoben und sein Gebäude irgendeiner nazistischen Jugendorganisation übergeben. Man geht so weit, dem flachen Dach von GROPIUS' Gebäude ein der ‹nationalen germanischen Tradition› entsprechendes spitzes Giebeldach aufsetzen zu wollen, um von dem abscheulichen ‹Internationalismus› des Bauhauses jede Spur zu beseitigen.

Der Aufbau des Unterrichts im Bauhaus

Das Bauhaus ist ein typisches Beispiel für eine demokratische, auf das Prinzip der Zusammenarbeit von Lehrern und Schülern gegründete Schule gewesen. Als ein kleiner, aber vollständiger sozialer Organismus gedacht, strebte es danach, die vollkommene Einheit von Unterrichtsmethode und Produktionssystem zu verwirklichen. Über ziemlich begrenzte Mittel verfügend, verbesserte es seine Bilanz, indem es der Industrie, seinem natürlichen Absatzgebiet, die in gemeinsamer Arbeit von Dozenten und Schülern entworfenen Modelle lieferte: daher auch die Beteiligung der Schüler mit vollem Diskussions- und Stimmrecht am Rat der Schule, dem vor allem die Beziehungen zur Welt der Produktion zustanden. Obwohl das Bauhaus eine staatliche Schule war, bildete es doch seinem wahren Charakter nach eine organisierte künstlerische Gemeinschaft. Während der Dauer der Lehrgänge lebten Lehrer und Schüler in der Schule zusammen; ihre Gemeinschaftsarbeit setzte sich auch in den Mußestunden fort, die mit musikalischen Vorträgen, Tagungen, Vorlesungen, Diskussionen und der Vorbereitung von Aufführungen, Ausstellungen und Sportwettkämpfen ausgefüllt waren. Die künstlerische Arbeit fügte sich zwanglos in diese Lebenshaltung von hohem Niveau ein: man war bemüht, auf diese Weise dem künstlerischen Schaffen den Charakter des Erhabenen und Außergewöhnlichen zu nehmen, und ließ es in dem normalen Arbeits- und Produktionsprozeß aufgehen. Die Kunst, dazu berufen, im Leben Widerhall zu finden und sich mit ihm zu vermischen, sollte aus dem gelebten Leben selbst hervorgehen.

Ein praktischer Unterricht, Harmonisierung genannt und auf die einheitliche Basis von Klang, Form und Farbe gegründet, ergänzte die verschiedenen physischen und psychischen Anlagen des einzelnen. Er ersetzte jeden anderen humanistischen oder professoralen Unterricht: sein Zweck war, die jungen Leute an eine exakte und unmittelbare Wahrnehmung der formalen Gegebenheiten zu gewöhnen und in ihnen eine spontane Neigung zu entwickeln, jede empfangene Erfahrung in eine klare äußere Gestalt umzusetzen. Dieser Unterricht strebte dahin, gleichzeitig und in engem Zusammenhang ihre aktiven und rezeptiven Anlagen zu entwickeln, die als unzertrennlich angesehen wurden; das heißt, ihnen als Grundprinzip einzuhämmern, daß der Sinneseindruck und die Wahrnehmung schöpferische Akte des Geistes sind und folglich nicht bloße Voraussetzungen der Form, sondern gültige Form selbst. Die Bildung, die man dem Künstler geben wollte, sollte kein Schatz von Erfahrungen sein, sondern in der freien Fähigkeit bestehen, Erfahrungen zu machen, in einer klaren Art in der Welt zu leben, mit einem ausgeprägten kulturellen Bewußtsein.

Die strenge Methodik begrenzte jedoch in keiner Weise die Freiheit des Unterrichts. Die Kurse, die die in Bildung und Temperament so verschiedenen Künstler an der Schule abhielten, waren vor allem vorbildliche Beispiele ökonomischer geistiger Arbeit: praktische Demonstrationen des Mechanismus des Empfindungsvermögens und

Ergänzende Lehrgebiete:
Vorträge aus allen Gebieten der Kunst und Wissenschaft aus Vergangenheit und Gegenwart.
Der Gang der Ausbildung umfaßt drei Abschnitte (s. graphischer Plan):

1. Die Vorlehre.
Dauer: ein halbes Jahr. Elementarer Formunterricht in Verbindung mit Material-Übungen in der besonderen Werkstatt für die Vorlehre.
Ergebnis: Aufnahme in eine Lehrwerkstatt.

2. Die Werklehre
in einer der Lehrwerkstätten unter Abschluß eines gesetzlichen Lehrbriefes und die ergänzende Formlehre.
Dauer: 3 Jahre.
Ergebnis: Gesellenbrief der Handwerkskammer, gegebenenfalls des Bauhauses.

3. Die Baulehre.
Handwerkliche Mitarbeit am Bau (auf Bauplätzen der Praxis) und freie Ausbildung im Bauen (auf dem Probierplatz des Bauhauses) für besonders befähigte Gesellen. Dauer: je nach der Leistung und nach den Umständen. Bau- und Probierplatz dienen im gegenseitigen Austausch zur Fortsetzung der Werklehre und der Formlehre. Ergebnis: Der Meisterbrief der Handwerkskammer, gegebenenfalls des Bauhauses.

    Während der ganzen Dauer der Ausbildung wird auf der Einheitsgrundlage von Ton, Farbe und Form eine praktische Harmonisierungslehre erteilt mit dem Ziele, die physischen und psychischen Eigenschaften des Einzelnen zum Ausgleich zu bringen.

Schema der Bauhaus-Lehre
(aus: Staatliches Bauhaus Weimar 1919—1923)

des Willens, durch die man dahin gelangen konnte, die Wirklichkeit in den Formen zu ‹realisieren›, d. h. zu gestalten, die die Formen unseres Tuns selbst sind. Der stilistische Zusammenhang, der sich nicht mehr aus der Harmonie des Geschaffenen oder aus einer Idee des Schönen ableitete, war nur noch denkbar als Ökonomie, Genauigkeit, als Vermeiden geistiger Verschwendung in der künstlerischen Produktion. Niemals hat es — und GROPIUS hat das auch wiederholt betont — einen ‹Bauhaus-Stil› gegeben; doch findet man unverkennbar den Stempel jener Übereinstimmung oder Genauigkeit oder geistigen Ökonomie, vor allem aber der unfehlbaren Sicherheit des Entwurfs bei allen wieder, die, ohne selbst eine starke künstlerische Persönlichkeit zu besitzen, jenen vollständigen Ausbildungsgang durchgemacht haben.

    Die Dauer der Kurse betrug dreieinhalb Jahre. Das erste Semester war der Vorlehre gewidmet, das heißt einem elementaren Unterricht in den Problemen der Form, in Verbindung mit praktischen Übungen in einer besonderen Werkstatt für Anfänger.

Wenn der Schüler diesen kurzen Vorbereitungskurs bestanden hatte, wurde er zum Besuch einer der Spezialwerkstätten zugelassen. In Übereinstimmung mit dem Prinzip, daß ‹die Leistung der Persönlichkeit von dem richtigen Gleichgewicht zwischen der Arbeit aller schöpferischen Organe abhängt›, ergab sich der Unterricht aus einem Beieinander von technischen und schöpferischen Erfahrungen. Der technische Unterricht vollzog sich in besonderen, für die verschiedenen Materialien geeigneten Werkstätten und wurde durch theoretische Unterweisungen in der Technologie (Material- und Werkzeugkunde) und allgemeine Unterweisungen in der Buchführung ergänzt. Die Formlehre gliederte sich in drei die Entwicklung der Form bestimmende Phasen: Anschauung (eingehendes Naturstudium, Lehre von den Stoffen); Darstellung (Projektionslehre, Lehre von den Konstruktionen, Werkzeichnen und Modellbau für alle räumlichen Gebilde); Gestaltung (Raumlehre, Farblehre, Kompositionslehre).

Am Schluß des dreijährigen Lehrganges fand vor einer öffentlichen Kommission die Ablegung der gesetzlichen Gesellenprüfung statt. Bestand der Schüler die sehr viel strengere Prüfung vor einer internen Kommission, erhielt er das Diplom eines ‹Gesellen des Bauhauses›.

Der nun folgende Fortbildungskurs gründet sich auf den Unterricht in Architektur und ein sehr gründlich betriebenes Praktikum auf dem Versuchsbauplatz der Schule; seine Dauer war verschieden lang, je nach Befähigung und Leistung. Die bestandene Abschlußprüfung vor einer öffentlichen Kommission gewährte das Recht auf den Meisterbrief der Handwerkskammer; auf eine nachfolgende interne Prüfung hin konnte die Verleihung des Diploms als ‹Meister des Bauhauses› erfolgen.

Von Anfang an haben mit GROPIUS als Meister zusammengearbeitet: JOHANNES ITTEN, der sich schon vorher der künstlerischen Erziehung gewidmet hatte und den GROPIUS schon seit 1918 von Wien her kannte, ferner LYONEL FEININGER, GERHARD MARCKS; 1921 gesellten sich noch PAUL KLEE und OSKAR SCHLEMMER zu dem Lehrkörper, 1922 KANDINSKY, 1923 MOHOLY-NAGY. 1923 tritt JOSEF ALBERS an Stelle von ITTEN in die Leitung des Vorlehre-Kurses ein.

Die Zahl der Bauhaus-Studenten betrug im Durchschnitt wenig mehr als zweihundert, sie kamen aus allen Teilen Deutschlands und Österreichs; ihr Alter variierte von siebzehn bis vierzig Jahren; viele von ihnen hatten im Ersten Weltkrieg mitgekämpft. Für die ärmeren hatte GROPIUS bei der Regierung des Landes Thüringen den Erlaß der Pension und des Schulgeldes durchgesetzt; später erreichte er auch, daß die Schüler für die in den Schulwerkstätten hergestellten verkäuflichen Gegenstände entschädigt wurden.

Die Reformideen des Bauhauses sind klar in dem ‹Manifest zur Eröffnung des Staatlichen Bauhauses in Weimar› vom April 1919 ausgedrückt, wo u. a. (den vollen Wortlaut s. S. 126 f) betont wird: ‹Architekten, Bildhauer, Maler, wir alle müssen zum Handwerk zurück! Denn es gibt keine ‚Kunst von Beruf'. Es gibt keinen Wesensunterschied zwischen dem Künstler und dem Handwerker … Gnade des Himmels läßt in seltenen Lichtmomenten, die jenseits seines Wollens stehen, unbewußt Kunst aus dem Werk seiner Hand erblühen, die Grundlage des Werkmäßigen aber ist unerläßlich für jeden Künstler. Dort ist der Urquell des schöpferischen Gestaltens. Bilden wir also eine neue Zunft der Handwerker ohne die klassentrennende Anmaßung, die eine hochmütige Mauer zwischen Handwerkern und Künstlern errichten wollte! Wollen, erdenken, erschaffen wir gemeinsam den neuen Bau der Zukunft, der alles in einer Gestalt sein wird: Architektur und Plastik und Malerei, der aus Millionen Händen der Handwerker einst gen Himmel steigen wird als kristallenes Sinnbild eines neuen kommenden Glaubens.›

Das ideologische Programm des Bauhauses
Die Bedeutung der Architektur

‹Die Idee der heutigen Welt ist schon erkennbar, unklar und verworren ist noch ihre Gestalt. Das alte dualistische Weltbild, das Ich im Gegensatz zum All, ist im Verblassen, der Gedanke an eine neue Welteinheit, die den absoluten Ausgleich aller gegensätzlichen Spannungen in sich birgt, taucht an seiner Statt auf. Diese neuaufdämmernde Erkenntnis der Einheit aller Dinge und Erscheinungen bringt aller menschlichen Gestaltungsarbeit einen gemeinsamen, tief in·uns selbst beruhenden Sinn. Nichts besteht mehr an sich, jedes Gebilde wird zum Gleichnis eines Gedankens, der aus uns zur Gestaltung drängt, jede Arbeit zur Manifestation unseres inneren Wesens.› Auf diese ideologische Voraussetzung gründet sich die Erziehungslehre von GROPIUS.

Mit dem Ende des Dualismus von Ich und All wird die alte Auffassung von der Kunst als idealisierter Darstellung (im Ich) und einer ihr entgegengesetzten Natur (das All) hinfällig; wir treten in die Einheit der Dinge und Erscheinungen zurück. Der Geist und das Bewußtsein sind nicht etwas, das *vor* der Erfahrung besteht und sie überlebt, sondern etwas, das erst durch unsere Handlungen entsteht und indem es entsteht, die Realität schafft, in die beide eingebettet und von der sie untrennbar sind. Die Form als die greifbarere Schicht der Realität ist stets eine Oberfläche, zu der jene tiefsten und geheimsten Taten emporsteigen und an der sie sich klären, die sonst ihre lineare Funktion stören und die kristallene Klarheit des Bewußtseins beunruhigen würden. Die Architektur als Konstruktion stellt den Ausdruck der aufbauenden Tätigkeit des Bewußtseins selber dar; sie hat die Aufgabe, die verworrene Erscheinung der heutigen Welt zu klären; in ihr ‹kristallisiert› sich das Weltgefühl einer Zeit. Warum kommt gerade der Architektur diese Aufgabe zu? Um ihres symbolischen Charakters oder ihrer handwerklichen Bestimmtheit willen? Weder das eine noch das andere trifft zu. Die Architektur als Arbeit von Menschen für Menschen ist in allen Augenblicken und bei allen Geschehnissen unserer Existenz gegenwärtig; sie vermittelt und bedingt die Lebensbeziehungen des Menschen zur Wirklichkeit; sie bestimmt die Ausdehnung, grenzt den Raum des Lebens und der menschlichen Arbeit ab; sie ist gleichsam ein zweiter Leib, den sich die Menschen für jenes höhere und echtere, festgefügte und geschichtliche (nicht mehr nur natürliche) Leben geben, das wir das soziale nennen. Ohne die Architektur wäre es unmöglich, sich den Menschen außerhalb seiner ursprünglichen Naturhaftigkeit, in seiner historischen Existenz, in der Tätigkeit vorzustellen, die ihn zum Glied einer Gesellschaft macht.

‹Ein lebendiger Baugeist, der im ganzen Leben eines Volkes wurzelt, umschließt alle Gebiete menschlicher Gestaltung, alle Künste und Techniken in seinem Bereich›; er kann nur innerhalb einer sozialen Ordnung in Erscheinung treten, die alle individuellen Kräfte voll ausnützt und dem Leben eine vollständige und wirkliche Bedeutung verleiht. ‹Das heutige Bauen ist aus einer allumfassenden Gestaltungskunst zu einem akademischen Studium herabgesunken; in seiner grenzenlosen Verwirrung ist es der Spiegel einer innerlich zerrissenen Welt; der notwendige Zusammenhalt aller am Werk Vereinten ging darin verloren.›

Hierin präzisiert sich ein schon von RUSKIN und MORRIS in bezug auf die gotische Baukunst ausgesprochener Gedanke: damit die Kunst in Wahrheit ein Kollektivethos verwirklichen und den Gedanken und Gefühlen Form geben kann, die das verbindende Element eines sozialen Organismus darstellen, muß sie das Ergebnis einer Gemeinschaftsarbeit sein. ‹Die Kunst zu bauen ist an die Möglichkeit zu gemeinsamer Arbeit einer Vielheit von Schaffenden gebunden, denn ihre Werke sind im Gegensatz zum isolierten Einzel- oder Teilbildwerk orchestraler Art und mehr als diese Abbild für den Geist der Gesamtheit.›

Insofern die Architektur ein Produkt der Gemeinschaftsarbeit ist und in ihrem konstruktiven Wesen den höchsten Grad von Zweckmäßigkeit (und damit auch von Wirtschaftlichkeit) im Gebrauch der verschiedenen Materialien verkörpert, enthält sie auch in ihrem formalen Ergebnis die ganze Skala der an allen Materialien gemachten Erfahrungen, vom Metall bis zum Glas, zur Farbe und zu den Textilfasern. Da sich diese Erfahrungen aus den verschiedenen Künsten entwickelt haben (so stellt z. B. die Keramik in der Verarbeitung von Tonerde, die Bildhauerkunst in der Bearbeitung von Stein, die Malerei in der Verarbeitung von Farbe die erreichte höchste Stufe der künstlerischen Erfahrung dar usw.), ist die Architektur als absolute, reine Konstruktion die Spitze einer Pyramide, deren Basis die Materie oder die Wirklichkeit in ihrem verworrenen unorganischen Nebeneinander ist, ihre Seiten sind die verschiedenen Künstler, die die Eigenschaften oder die formalen Möglichkeiten der verschiedenen Materien getrennt, verfeinert, gereinigt haben. Wenn die klassische Architektur als reine Raumintuition die Ideenbasis jeder Wirklichkeitserfahrung und der Anfang aller Künste war, ist die moderne Baukunst als Konstruktion des Raumes die Synthese der Wirklichkeitserfahrungen und letztes Ziel aller Künste.

Architektur und Raum

‹Da Bauen kollektive Arbeit ist, hängt sein Gedeihen nicht vom einzelnen, sondern vom Interesse der Gesamtheit ab. Der reine zweckentbundene Bau entsteht nur aus dem Willen eines ganzen Volkes.› Es ist dies eine ganz neue Problemstellung innerhalb der architektonischen Praxis. Die Architektur kann sich nicht praktische Zwecke stellen, weil sie ihren Zweck in sich selber hat; sie ist kein Mittel zur Lösung gewisser Probleme, sondern die Lösung aller Probleme; insofern sie die Darstellung einer Welt ist, die die eigenen Gegensätze gelöst hat, kann sie nicht Ansprüche zulassen, die nicht schon in ihrer Entwicklung gelöst sind. Die Architektur ist zwar die Konstruktion des Raumes, vielmehr in ihrem Aufbau der Raum selbst, aber da der Bau alle Probleme der Wirklichkeit und der Existenz löst, d. h. die unendlichen Beziehungen der Menschen untereinander und zu den Dingen, stellt der Raum der Architektur das soziale Leben in seiner ganzen Ausdehnung, Vollständigkeit und Totalität dar. Nur in diesem Sinn, als Synthese des Willens eines ganzen Volkes, kann ein Bau ein ganz reiner oder zweckentbundener sein.

‹Die Urelemente des Raumes sind: Zahl und Bewegung. Durch die Zahl allein unterscheidet der Mensch die Dinge, begreift und ordnet mit ihr die stoffliche Welt. Erst durch die Teilbarkeit löst sich das Ding vom Urstoff ab und gewinnt eigene Form ... Die Kraft, die wir Bewegung nennen, ordnet die Zahlen. Beides, Zahl und Bewegung, ist eine Vorstellung unseres endlichen Gehirns, das den Begriff des Unendlichen nicht zu fassen vermag. Wir erleben wohl den unendlichen Raum kraft unserer Zugehörigkeit zum All, aber wir vermögen Raum nur mit endlichen Mitteln zu gestalten. Wir empfinden den Raum mit unserem ganzen unteilbaren Ich, zugleich mit Seele, Verstand und Leib, und also gestalten wir ihn mit allen leiblichen Organen. Der Mensch erfindet durch seine metaphysische Kraft, die er aus dem All saugt, den stofflosen Raum des Scheins und der inneren Schauung, der Visionen und Einfälle... Aber dieser Raum der Schauung drängt zur Verwirklichung in der stofflichen Welt; mit Geist — und Handwerk wird der Stoff bezwungen. Das Hirn erdenkt den mathematischen Raum kraft des Verstandes durch Rechnung und Messung... Die Hand begreift den tastbaren stofflichen Raum und meistert ihn durch das Können des Handwerks mit Hilfe von Werkzeug und Maschine.›

‹Der schöpferische Vorgang einer Raumvorstellung und -gestaltung ist jedoch immer ein gleichzeitiger... Den bewegten lebendigen künstlerischen Raum vermag nur der zu erfassen, dessen Wissen und Können allen natürlichen Gesetzen der Statik, Mechanik, Optik, Akustik gehorcht und in ihrer gemeinsamen Beherrschung das sichere Mittel findet, die geistige Idee, die er in sich trägt, leibhaftig und lebendig zu machen. Im künstlerischen Raum finden *alle* Gesetze der realen, der geistigen und der seelischen Welt eine gleichzeitige Lösung.›

Kurz: die Form ist die Form unserer Endlichkeit, die uns zwar gestattet, uns das Unendliche vorzustellen, ohne ihm die herkömmlichen Begrenzungen zu geben (wie es bei der euklidischen Geometrie und der Perspektive der Fall ist), doch ihre unbegrenzte Teilbarkeit zu erkennen, das heißt zuzugeben, daß sich von der ursprünglichen kompakten Materie Gegenstände loslösen und eine eigene Form annehmen können. Töne, Formen, Farben sind nicht Elemente der Realität, die der Künstler auswählt und komponiert, sie sind vielmehr unsere inneren Mittel, die Symbole unserer Endlichkeit, durch die wir die unendliche Realität begrenzen oder definieren können; darum ist der ‹immaterielle› oder ‹künstlerische› Raum, der aus der Einheit des Endlichen und Unendlichen, des Bewußtseins und der Realität sich ergibt, zu gleicher Zeit der Raum der Erscheinung oder des Phänomens und der inneren Vision oder der geistigen Schöpfung. Wenn diese Erscheinung oder dieses Phänomen schon ein Resultat der Form ist, verliert der gewohnte Prozeß von der sinnlichen Erscheinung zu einer geformten ‹Substanz› allen Wert; der ‹materielle› oder empirische Raum (man denke an die analoge Bemerkung von FIEDLER) ist kein Schauspiel mehr, das unser Empfindungsvermögen trifft, sondern eine Realität, die man mit der Hand ergreift, im Akt der Ausführung einer Arbeit. Man entgeht dieser Handarbeit nicht; ohne sie würden wir nicht in Berührung mit dem Unendlichen der Materie oder der Realität kommen; unsere Endlichkeit oder Menschlichkeit würde, anstatt sich zu erweitern, sich verengen und schließlich ganz verschwinden: wir würden nicht mehr in der Welt sein.

Raum und praktischer Nutzen

Diesem Tun ist es ferner nicht möglich, eine andere Ursache oder einen anderen Impuls anzuerkennen als den unmittelbaren Nutzen, als den unmittelbaren physischen Druck der Realität, die bestimmt sein will, denn in diesem fortwährenden Bestimmen besteht unsere Existenz, die Bedingung unseres realen Seins. In diesem künstlerischen Raum oder in der Form entstehen und lösen sich daher alle die Probleme, die wir selbst nicht mehr als praktische und geistige unterscheiden können. Die Architektur ist daher die Summe oder die Synthese von allen Künsten, von allen Arten des ‹Tuns›, und in ihrer absoluten Raum-Konstruktion löst sie mit den einzelnen Problemen, denen die einzelnen Künste entsprechen, zugleich auch alle praktischen Probleme der Existenz: sie ist der sicherste Weg der Verbindung des Ich mit dem All. Weil in der Einheit und Ungetrenntheit des Schaffens die verschiedenen Persönlichkeiten nicht mehr zu trennen sind (das Schaffen ist in der Tat absolute Gegenwart, während die verschiedenen Persönlichkeiten sich durch ihre verschiedene Vergangenheit oder Geschichte unterscheiden), ist die Architektur immer Zusammenarbeit oder kollektiver Ausdruck. Sie entspringt aus dem Leben selbst und aus dem gewohnten täglichen Umgang der Menschen mit den Dingen, unter denen sie leben und deren sie sich bedienen; von dem bescheidensten Gerät erstreckt sie sich mit Notwendigkeit in fortwährender Entwicklung bis zum gegliederten Aufbau des Gebäudes, von diesem bis zum Verband von mehreren Gebäuden und ihrer Verteilung entsprechend den vitalen und funktionalen Forderungen der Gemeinschaft und gelangt so endlich dazu, die Form der Stadt zu bestimmen, die Erscheinung der ganzen kultivierten Welt zu umfassen.

All denen, die sich über die Beschränkung der Kunst auf die Lebensgestaltung, ihre scheinbare Einengung auf den Mikrokosmos der Geräte, des Hausrats, der Druckseite empörten, konnte GROPIUS entgegenhalten, daß er im Gegenteil die Reichweite der Kunst dadurch erweitert habe, daß er die kleinsten Gegenstände des täglichen Gebrauchs wie die größten Äußerungen der sozialen Ordnung darunter zusammenfasse, mit einem Wort: die ganze Kultur. Der Mikrokosmos des Hausrats hat seinen Horizont im Makrokosmos des Städtebaues.

‹Der pädagogische Grundfehler der Akademie war die Einstellung auf das außerordentliche Genie anstatt auf den Durchschnitt.› Die Gemeinschaftsarbeit schließt die erhabene Willkür des Genies, die letzte Steigerung des Individuums aus. Die Gemeinschaftsarbeit ist an sich schon eine soziale Tat und setzt beim künstlerischen Arbeiten gewisse Prinzipien und gemeinsame Entwicklungen voraus, deren Gültigkeit sich notwendigerweise auf die ganze soziale Sphäre erstreckt, indem sie die beiden Seiten der künstlerischen Produktion — das Schaffen des Gegenstandes und seinen Gebrauch — zusammenfügt. Der Gestaltungsprozeß der Kunst oder die künstlerische Erziehung entwickelt sich so in immer weiteren Ringen, bis sie mit dem Gestaltungsprozeß der Gesellschaft und ihrem ständigen Fortschritt zu identifizieren ist.

Der Kampf der *Arts and Crafts* und des Werkbundes war der erste Schritt auf dem Weg zur ‹Versöhnung der Werkwelt mit der Welt des schöpferischen Künstlers›; trotzdem ‹blieb die werkliche Ausbildung dilettantisch und der gezeichnete und gemalte Entwurf stand noch immer im Vordergrund›, der Entwurf, der im Hinblick auf einen malerischen oder plastischen Werkvorgang entstanden war anstatt im Hinblick auf eine mechanische Serienherstellung.

Der Vorgang der Massenproduktion ist sehr verschieden von dem der Produktion einzelner Gegenstände. Der Handwerker entwirft zwar den Gegenstand im Hinblick auf ein bestimmtes Material oder einen bestimmten Gebrauch, doch er behält die Möglichkeit, den ursprünglichen Entwurf im Lauf der Arbeit zu verändern. Diese Möglichkeit ist sogar eine notwendige Eigenschaft seiner Arbeit. Die Ausführung nimmt eine bestimmte Zeit in Anspruch und erfolgt in einander folgenden Phasen, jede von ihnen stellt eine Erfahrung dar, die im späteren Stadium ins Gewicht fallen kann. Da es stets einen Fortschritt im Ganzen der Produktion gibt, gibt es einen Fortschritt von Typ zu Typ, von Stück zu Stück desselben Typs, von Phase zu Phase eines Stücks. Die vollkommensten Gegenstände sind die, in denen sich die größte Summe von Erfahrungen verdichtet hat, wenn auch Komplexität noch nicht innere Verwobenheit bedeutet. Der Handwerker lebt mit der Materie, er lernt sie durch seine Arbeit kennen, er formt sie um, er macht sie für seine Gefühls- und Phantasiewelt empfänglich. Die Typen können in der Einzelarbeit modifiziert werden, um besonderen Ansprüchen, den Bedürfnissen der Klassen oder der Personen, für die sie bestimmt sind, zu entsprechen. Wenn die Ausführung dagegen der Maschine anvertraut wird, muß die ganze Folge von Erfahrungen, die der Handwerker während der Arbeit gemacht hat, vorausgesehen und im Entwurf synthetisch schon vollendet sein. Da er schon am Ausgangspunkt eine vollendete Erfahrung von den Möglichkeiten der Materie besitzen muß — *ne varietur* —, so muß es eine theoretische Erfahrung sein, wenn auch in langer praktischer Lehrzeit erworben. Dasselbe kann man von der Form sagen: auch sie kann nicht mehr während der Ausführung verändert werden, weder durch subjektive Einwirkung noch durch die Notwendigkeit, besonderen Forderungen zu entsprechen. Der Lehre von der Materie steht im Programm des Bauhauses die Lehre von der Form gegenüber: ihr gemeinsamer Zusammenhang ist der *Standard*, das Durchschnittsprodukt für den Durchschnitt. Ökonomisch gesehen besteht er darin, ein Maximum an Qualität mit einem Minimum an Kosten zu erreichen; soziologisch gesehen gleicht seine Verbreitung die äußeren Unterschiede der Gewohnheiten und Gebräuche zwischen den verschiedenen Klassen aus, das heißt, er läßt die notwendige Verschiedenheit der Funktionen unverändert bestehen, aber er annulliert die Rangunterschiede zwischen den Mitgliedern der Gemeinschaft.

Die Einheit zwischen den Gesetzen der Materie und den Gesetzen der Form, die sich im Standardprodukt verwirklicht, hat aber noch eine tiefere Rechtfertigung. Da jede objektive Kenntnis von der Materie *a priori* ausgeschlossen ist, besitzen wir von ihr nur die Kenntnis, die wir uns während der jahrhundertelangen Tradition des Handwerks erworben haben, indem wir von ihr Gebrauch machen oder uns ihrer bedienen: Es gibt keine abstrakte Lehre vom Holz, vom Stein, von der Farbe, aber es gibt eine Lehre vom Holz, vom Stein, von der Farbe in bezug auf unsere Verarbeitung des Holzes zu Möbeln, des Steins zu Bildwerken, des Gebrauchs der Farbe zum Malen. Jedes Gesetz der Materie ist infolgedessen eine Wirkung der Form; und in der Tat ist es die Form, durch die die Materie erst ihre ‹Qualität› enthüllt.

Der Standard

Der Typ, der Standard, steht im Dienst der mechanischen Serienproduktion. Obwohl es paradox klingen mag, ist das Standard-Produkt eine Garantie für die Echtheit des Entwurfs und ein Schutz gegen die Gefahr der Monotonie. Als die Industrie fast nur Formen wiederholte, die für die handwerkliche Ausführung gedacht waren, d. h. als Einzelstücke, entstand die Monotonie aus der Wiederholung dieser formalen Besonderheiten; wenn aber der Gegenstand schon als verallgemeinerte Form gedacht ist und die Maschine nichts zu tun hat, als ihn in Tausenden von Exemplaren auszuprägen, so ergibt sich daraus Identität und nicht Uniformität, weil jeder Gegenstand seine

Eigenschaft als ‹Original› unberührt bewahrt wird: in gleicher Weise verliert ein poetischer Text nichts von seinem Wert durch die Tatsache, daß er in Tausenden von Exemplaren reproduziert wird. Der Standard schließt daher die Verwässerung des Gegenstandes als eines nur dem praktischen Nutzen entsprechenden Dinges aus und stellt den direkten Kontakt des Verbrauchers mit dem Wert oder der ‹Qualität› der Form her.

In diesem Sinn modifiziert der Standard tiefgehend die Beziehung zwischen dem Verbraucher und dem Gegenstand; dieser wird nicht mehr um seiner Besonderheit willen betrachtet oder geschätzt werden, um der Meisterschaft des Handwerkers oder um dessen willen, was sich an menschlicher Geschichte mit der Geschichte seiner Formwerdung verknüpft hat; er wird nur noch mit der Vernunft und der Genauigkeit seiner Funktion, die er selbst durch seine Form aufzwingt, *gebraucht* werden. Der künstlerische Gegenstand besitzt jetzt die Fähigkeit, auf die Existenz einzuwirken und sich ihr als Prinzip der Klarheit und Ordnung einzufügen; wenn er auch als solcher nicht mehr Gegenstand ästhetischen Urteils zu sein vermag, führt er doch in alle Existenzäußerungen, mit denen er sich verknüpft, eine ästhetische Erfahrung ein und verleiht jeder von ihnen erst ihre volle Realität.

Die pädagogische Basis

Die pädagogische Basis des Bauhauses war die Vorlehre. Gegenstand dieses Kurses war ‹die Erkenntnis und richtige Einschätzung der individuellen Ausdrucksmittel.› Es handelte sich vor allem darum, ‹die schöpferischen Kräfte im Lernenden zu befreien›, dabei jedoch ‹jede bindende Einstellung auf irgendeine bestimmte Stilbewegung› zu vermeiden. Darum beschränkte sich der Unterricht ‹auf Beobachtung und Darstellung›, mit der Absicht, ‹die Identität von Form und Inhalt› zu erkennen. Der junge Künstler soll zur ‹Befreiung von der toten Konvention› gelangen und das Bewußtsein erwerben, ‹welche Grenzen seiner Schaffenskraft von der Natur gesetzt sind›. Es existieren keine formalen Kategorien; für den einen Schüler wird der Rhythmus ‹das ursprüngliche Ausdrucksmittel› sein, für einen anderen das Helldunkel, für einen dritten die Farbe etc.: jedes dieser Ausdrucksmittel ist ein Symbol, in dem das endliche Bewußtsein die unendliche Realität begreift.

Im ersten Teil des Vorkurses, der durch Itten auf im wesentlichen pädagogischen Grundlagen ausgearbeitet worden war, legte man großen Wert auf das Studium alter Kunstwerke nach den analytischen Methoden der ‹reinen Sichtbarkeit›: ein weiterer Beweis dafür, daß das Bauhaus seinen Ursprung eher in zeitgenössischen Kunsttheorien als in einer bestimmten künstlerischen Strömung hatte. Diese Analysen versuchten, den inneren Aufbau der Form klar zu machen und ihren Entstehungsprozeß zu erforschen; daneben aber sollte im Schüler auch die Fähigkeit entwickelt werden, zu verstehen, durch welche Prozesse eine bestimmte Materie sich zur Form entfalten kann. Mit anderen Worten, man analysierte ein Bild von MEISTER FRANCKE oder von BOSCH, um zu zeigen, wie ein bestimmtes Stück Holz zu der Form eines Stuhls verarbeitet werden kann oder ein Stück Glas zu der Form eines Bechers, da jede Entwicklung der Materie zur Form eine Entwicklung der Materie im Raum ist. Solche Analysen begrenzen offenbar das kritische Verständnis des Kunstwerkes, zwar nicht, weil in ihm Imponderabilien sind, die sich der formalen Untersuchung entziehen, sondern weil die Analyse stets als Untersuchung eines, zuweilen auch einiger, nie aber aller Motive durchgeführt wird. Sie ist ihrer Natur nach verallgemeinernd oder schematisierend; doch darf man dabei nicht vergessen, daß sie das Resultat einer kritischen Absicht ist, die gerade darauf gerichtet ist, das Verständnis der künstlerischen Tatsache zu verallgemeinern. Ohne diese Begrenzung, die alle jene Elemente annulliert, die BERENSON * die illustrativen nennt und auf die sich die Aufmerksamkeit der nach ‹Poesie› Suchenden konzentriert, würde es offenbar unmöglich sein, dem Bild oder der Statue auf einer Wertebene, nach dem Grad einer wirklichen ‹Nützlichkeit› gerecht zu werden, die gleicherweise von einem Möbelstück oder Gewebe oder einem typographischen Setzbild erreicht werden kann. Infolge dieser Schematisierung, die das Kunstwerk entpersönlicht, wird es allen Mitgliedern einer Gesellschaft zugänglich, insoweit diese an einer gemeinsamen Kulturgrundlage teilhaben.

Das Studium der natürlichen Materie

Der Vorkurs umfaßte ferner auch ein detailliertes Studium der ‹Natur›; doch da die Natur nur als eine Einheit denkbar ist, strebte die Analyse der inneren Struktur oder der Eigenschaften der verschiedenen Materien danach, das Interesse von der Natur — als einem Komplex von Beobachtungen — in die Wirklichkeit — als einen Entwicklungsprozeß — zu übertragen. Es ist klar, daß die Materie nicht

---

* BERNARD BERENSON († 1959), berühmter Kunstexperte; internationale Autorität auf dem Gebiet der italienischen Renaissance-Malerei. Vgl. über ihn S. N. BEHRMAN, Duveen und die Millionäre. rde Bd. 108, S. 74 ff. (Anm. d. Red.)

als ein bestimmter ‹Gegenstand› gedacht werden kann: die Wahrnehmung der Materie in ihrer Besonderheit setzt die Überwindung des Raumbegriffes als einer Einheit oder Homogenität voraus (man denke an die Ideengrundlage vom Raum als etwas Teilbarem) und folglich die Überwindung des naturalistischen Sehens. Da es unmöglich ist, die verschiedenen Materien als ebenso viele objektiv individualisierte ‹Urstoffe› anzusehen, wird dieser Prozeß gegenständlich durch den Rückgriff der gegebenen empirischen Erfahrung auf eine prä-naturalistische oder prä-sensorische Stufe; welcher Art auch immer die betreffende Erfahrung sein möge, sei es auch ein schon von Menschenhand geformter Gegenstand, kehrt sie doch zur Stufe der Materie zurück, wenn man diesen Gegenstand von den gewohnten Gesetzen des räumlichen Sehens abstrahiert.

Wenn der Künstler den Raum als metrische, von der Materie der Dinge unabhängige Einheit ausschließt und damit auf die Objektivität oder Loslösung, die er mit jener Vorstellung vom Raum angenommen hatte, verzichtet, tritt er in unmittelbaren Kontakt mit der Materie ein, nimmt er sie in ihrer Besonderheit wahr, d. h. in ihrer Undurchsichtigkeit oder Durchsichtigkeit, in ihrer Glätte oder Rauheit, in ihrer Dehnbarkeit oder Morschheit, in ihrer Starrheit oder Elastizität etc. Das ganze System der sinnlichen Wahrnehmung ringt um eine breitere Verwurzelung und eine tiefere Durchdringung der Wirklichkeit. Diese Haltung gegenüber der Realität ist eine typisch utilitaristische oder handwerkliche, insofern die Materie immer zu irgendeinem Tun und den Mitteln, dieses zu tun, in Beziehung gesetzt wird: Die Materie ist also nicht etwas an sich Gegebenes, mit bestimmten Umrissen und Eigentümlichkeiten, sondern eine *Möglichkeit*. Die Beurteilung der besonderen Eigenschaften der Materie ergibt sich nicht aus einem Verhältnis von Proportionen, sondern aus der Erfahrung von Hand und Werkzeug zugleich. Die Beziehung zwischen mehreren Materien hängt von der Verschiedenheit der Eindrücke ab, die sie in dem Handelnden hervorrufen; und die neue Räumlichkeit, die jene Wechselwirkung bestimmt, ist eng mit der Erfahrung verknüpft, die er sich erworben hat und erwirbt, indem er mit ihnen arbeitet. Die im Bauhaus durchgeführten Untersuchungen über die Wechselwirkung verschiedenartiger Eigenschaften von Oberflächen (Texturen) zielten gerade auf die Bestimmung einer neuen Räumlichkeit innerhalb der Materie hin, die mit dem Hinzutreten der verschiedenen Stoffe sich veränderte und aus ihren wechselseitigen Spannungen, Anziehungen oder Abstoßungen hervorging. Der Raum entsteht und baut sich auf aus den Wechselwirkungen verschiedener Eigenschaften der Materie auf dieselbe Weise, wie die Annäherung von verschiedenen Metallen eine elektrische Spannung erzeugt und so eine neue Energie ins Leben ruft. Da nun die aus der Materie gewonnene Erfahrung immer mit einer Arbeit verknüpft ist, so ist auch die neue Räumlichkeit untrennbar verknüpft mit der ‹Zeit› der Erfahrung, der Gewohnheit, die sich zwischen dem Handelnden und der Wirklichkeit, in der er handelt, herstellt. So tritt an die Stelle der klassischen Idee des homogenen und unveränderlichen Raumes die Idee des kontinuierlichen oder sich entwickelnden Raumes, der vierten Dimension, der Raum-Zeit: diese ist nicht mehr, wie im Kubismus, eine neue und aufschlußreiche Perspektive für die Anschauung des Geschaffenen, sondern die Dimension, in der die Wirklichkeit vollzogen und von der sie bestimmt wird, d. h. die Dimension der absoluten Gegenwart.

Dieser Gedanke einer veränderlichen und mit dem unaufhörlichen Rhythmus der Raum-Zeit fortlaufenden Realität ist die Grundlage der Formlehre der höheren Kurse; es genügt, an die Lehre von KLEE zu denken, der auf den Ursprung der Form zurückging und die Linie als die durchlaufene Strecke eines sich in Bewegung befindenden Punktes und die Oberfläche als das Produkt der Bewegung einer Linie erklärte. So gelangte er dahin, die Realität nicht mehr als festumrissenen, gegliederten Raum zu begreifen, sondern als einen Übergang oder ein wechselseitiges Wiedererlangen von aktiven und passiven Kräften; oder an KANDINSKYS Lehre, die auf die Erforschung der Spannungslinien gerichtet ist als Hinweise für die Entstehung von Bildern in einem eigenen Raum, der sich aus der Anziehung und Abstoßung der Linien und Farben ergibt. Ein typisches Beispiel für diese Auffassung von der Form sind auch die Studien der verschiedenen sich folgenden Handstellungen beim Zeichnen und ihres die Form bestimmenden Einflusses: Studien, die nicht allein zeigen, wie man den Denkprozeß und den ausführenden Prozeß schon *ab origine* zu vereinheitlichen strebte, sondern auch, wie man im Endergebnis nicht mehr eine ideelle Darstellung sah, vielmehr ein ‹etwas›, das sich tatsächlich in der Wirklichkeit vollzieht oder ereignet.

Der Konstruktivismus

Als die Leitung des Vorkurses an ALBERS und an MOHOLY-NAGY überging, neigte die von ITTEN gegründete, wesentlich experimentell und auf Gestaltung gerichtete Lehre dazu, sich in eine unmittelbare formale Untersuchung zu verwandeln. Man behält bei oder vielmehr, es entwickelt sich (wenn man dabei auch unbestreitbar auf die surrealistische *Collage* und das *Readymade* zurückgriff) das Prinzip, als den ursprünglichen Stoff der Kunst die Dinge des täglichen Gebrauchs anzusehen, und zwar gerade die, mit denen wir den Begriff der bloßen Nützlichkeit verbunden haben und die, da sie niemals als

35

Gegenstand der Kontemplation gegolten haben, auch nicht als Determinanten der Raumvorstellungen betrachtet worden sind: Streichholzschachteln, Packpapier, Rasierklingen, Eisendraht, Zeitungen, Stoffflicken werden nun zum neuen *Urstoff* der formalen Konstruktion. Man strebt nicht mehr nach einer tieferen Untersuchung der Materie jenseits des zerstörten naturalistischen Raumes, sondern nach der rein dialektischen Umkehrung der Kenntnis in eine Unkenntnis, des naturalistischen Raumes in einen abstrakten Raum, des homogenen Raumes in einen teilbaren Raum. Wir werden sehen, wie diese Verwandlung der Lehre des Bauhauses nicht nur die theoretische Ausrichtung, sondern auch die bauliche Praxis beeinflußt hat, die GROPIUS in seiner Architektur zu entwickeln begann.

Dies ist in Wahrheit die eigentlich ‹konstruktivistische› Phase des Bauhauses. Eine der interessantesten Seiten der didaktischen Erfahrungen von ALBERS ist der Versuch, eine Räumlichkeit, vielmehr unendlich viele gleichwertige Raummöglichkeiten (der Raum war nur noch als Möglichkeit gegeben) aus einer Oberfläche herauszuholen: so zum Beispiel die Entwicklung einer plastischen Form, unendlich vieler plastischer Formen aus der einfachen Oberfläche eines Blatt Papiers mittels einer Reihe von Schnitten und Faltungen. Scheinbar nicht mehr als ein Geduldspiel aus dem Kindergarten und doch mit der Unendlichkeit verknüpft: stellen wir uns dazu vor, daß die Nähe eines gleichzeitig naiven und sophistischen Geistes wie KLEE mitgewirkt hat mit der unmittelbaren pädagogischen Absicht, den ersten Ursprüngen der Form im instinktiven Konstruktivismus des Kindes nachzuforschen, das sich in freien fortlaufenden Zeichnungen von Formen betätigt, ohne sich je auf ein positives Problem der Realität festzulegen und ohne daß je die Form als Form eines Dinges gemeint ist. Tatsächlich zielten diese Formübungen darauf ab, experimentell zu beweisen, daß die Oberfläche, das Volumen und überhaupt alle gewohnten Formkategorien nirgendwo in einer objektiven Realität verankert sind und sich frei ineinander verwandeln und verschiedene Wertigkeit annehmen können, nur bestimmt von dem konstruktiven Willen, der sie darstellt. Darum sind sie gleichzeitig real und illusorisch, weil eine solche Unterscheidung nicht möglich ist oder nur in bezug auf eine äußere objektiv sichere Realität. Da es diese Sicherheit nicht geben kann, ist es unmöglich, in der Kunst die phantastische Überlegenheit des Realen anzudeuten: ihr gehört das Reich der Möglichkeit, der Hypothese, der Mutmaßung. Selbst das Problem der Materie verliert seine anfängliche Konkretheit; der Raum ist nichts mehr als die Dimension unendlicher Möglichkeiten; durch die Anwesenheit von Grenzen wird jede Konstruktion zu einem Prozeß *ad infinitum*, zu einer unbegrenzten Serie von Formen. Damit wird die Serienherstellung zum innersten Prozeß der Formgestaltung, die Maschine zum unmittelbareren Ausdrucksmittel des Künstlers; von diesem Gesichtspunkt aus ist das Problem der Architektur nicht mehr in der Besonderheit der einzelnen Gebäude faßbar, sondern in einem Produktionssystem, das von der Vorfabrikation bis zum Städtebau reicht.

Die ‹Zeichnung›

Der ‹Entwurf› ist nicht mehr das graphische Mittel, durch das die Form von der zufälligen Materie des Dinges *abstrahiert* wird. Entwurfszeichnung, in ihrem tatsächlichen Sinn als ‹Projekt›, ist intuitive Erkenntnis der konstruktiven oder räumlichen Beziehungen innerhalb der Materie: und darum ist sie nicht mehr ein Reduzieren der vieldimensionalen Wirklichkeit auf zwei Dimensionen, sondern ihre Realisierung in allen Dimensionen. Darum macht sich die Zeichnung frei von der handwerklichen graphischen Aktion, die als solche sich stets in einem naturalistischen Raum und einer naturalistischen Zeit verwirklicht. MOHOLY-NAGY, wie auch MAN RAY und ECKNER in denselben Jahren, griffen tatsächlich nach dem photographischen Apparat, von dem man annimmt, daß er die reine optische Tatsache, frei von gefühlsmäßigen Einflüssen und den gewohnten Wahrnehmungen, wiederzugeben vermag. In der Tat wird sich die ‹Konstruktion› oder ‹Zeichnung›, wenn es sich nicht mehr um eine verstandesmäßige Konstruktion handelt, die folglich ein Stück Natur abbilden will, nicht mehr *aus*, sondern *innerhalb* der Wahrnehmung entwickeln, die selbst auch Aktion ist: der Ursprung und die Entwicklung der Form werden daher nun im Prozeß der Wiederholung selbst oder in den einander folgenden Momenten gesucht, aus denen sich auch die augenblickliche Wahrnehmung zusammensetzt. Von hier gehen die Untersuchungen über die formale Struktur der Wahrnehmungen aus: die fortlaufenden Photogramme eines in Bewegung befindlichen Körpers, der unmittelbare Abdruck von Negativen, die Photomontagen, die Röntgenphotographien etc.

Das Gebiet der optischen Probleme

Die aus diesem konstruktivistischen Prinzip sich ergebenden Folgerungen lassen sich leicht in den verschiedenen Zweigen der Bauhaus-Tätigkeit und in ihrer Ausdehnung auf alle Äußerungen des Lebens belegen, in denen es um einen Akt des ‹Sehens› geht. Da jede Gestaltung der Realität im Bilde mit Notwendigkeit das Resultat einer mehr oder weniger bewußten und organisierten künstlerischen Tätigkeit ist, folgt hieraus, daß die Welt nur zu ihrer wahren, dem augenblicklichen Zustand der Menschheit entsprechenden ‹Form› gelangen kann, wenn alle Gestaltungsprozesse auf denselben Grad der Bewußtheit und Organisation gebracht worden sind; d. h., wenn die Vorherrschaft der empirischen Prozesse ausgelöscht worden ist, an die wir gewöhnt sind und die wir aus Trägheit wiederholen.

In allen Zweigen des künstlerischen Unterrichts am Bauhaus kann man denselben Entwicklungsprozeß von den Formen des Handwerks zu denen der Industrie konstatieren. Man kann leicht in dem anfänglichen Dringen auf Typen und Entwicklungen der Volkskunst eine *volkstümliche* Haltung erkennen, die im wesentlichen der der russischen Avantgardisten gleicht (man denke an die Begeisterung ANTOINE PEVSNERS für die byzantinische Malerei, KANDINSKYS für die dekorativen Motive und Farben der Volkskunst, CHAGALLS für die Bildwelt des Ex-Voto und der primitiven Malerei). Auch im Bauhaus ist die Rückkehr zu einem traditionellen folkloristischen Handwerk im Wesen antibürgerlich und richtet sich auf eine Neueinschätzung des künstlerischen Volksgeistes gegenüber dem allgemeinen kosmopolitischen Geschmack der bürgerlichen Klassen: doch mit der Absicht, in die industrielle Produktion die ursprünglichen schöpferischen Kräfte und die alte praktische Erfahrung der arbeitenden Klassen hineinzutragen, in Anerkennung ihres Rechtes, an der Lenkung der Produktion teilzunehmen.

Die Möbel: Marcel Breuer

Die von MARCEL BREUER geleitete Werkstätte für Möbel läßt die theoretischen Prinzipien und die künstlerische Entwicklung von GROPIUS am unmittelbarsten spüren. In den Jahren zwischen 1921 und 1925 herrscht die Verwendung des Holzes vor und das Hauptziel ist, einen Übergang von den Typen der handwerklichen Arbeit zu neuen, für die industrielle Herstellung gedachten Typen zu schaffen: es ist die übliche Entwicklung vom Werkzeug zur Maschine. Das Streben nach ‹Qualität› oder künstlerischer Gestaltung der Materie führt zwar zur Schematisierung und Typisierung der konstruktiven Elemente, doch das Brett und der Klotz bleiben die vorherrschenden Elemente einer Tischlerei, die in der volkstümlichen Tradition wurzelt. Der Zusammenhang zwischen diesen wuchtigen, klar gegliederten Möbeln und dem von GROPIUS 1921 erbauten ‹Haus Sommerfeld› ist evident.

Gegen Ende des Jahres 1925 wenden sich dagegen die Bemühungen der Möbelwerkstätte ganz und gar den von der Tradition und der Technik des Handwerks unabhängigen und für die industrielle Produktion erfundenen Typen zu. Genau aus dem Jahr 1925 stammt

38

der erste von BREUER entworfene Stuhl aus Metallrohr. Hier ist das Material selbst, das Metallrohr, schon ein industrielles Erzeugnis. Da aber ein rückläufiger Prozeß, der sich mit Hilfe einer handwerklichen Technik an einem von der Industrie erzeugten Material vollzöge, nicht denkbar ist, wird nunmehr die industrielle Produktion der einzige für dieses Modell zulässige Herstellungsprozeß.

Das Metallmöbel

Das Metallmöbel schließt die statische Massivität des Holzmöbels aus und ersetzt sie durch zusammenwirkende geschwungene Linien und elastische Kurven, die darauf hinzielen, die spontanen Bewegungen des menschlichen Körpers zu unterstützen. Sein Charakter ist eher zeichnerisch als architektonisch. Es nimmt keinen Raum ein, sondern schießt durch ihn hindurch oder zeichnet sich in ihn hinein; in seiner Unkörperlichkeit ist es mehr als ein im Raum ruhender Gegenstand, es ist das Symbol unseres Seins im Raum. Es ist nichts anderes als ein Zusammentreffen von Koordinaten, ein abstrakter Ort oder eine räumliche Stelle, die durch die Gegenwart der menschlichen Person lebendig und konkret wird. Es erweckt die Vorstellung, daß seine Fähigkeit, sich zu biegen, zu verschwinden, ins Leere zurückzutreten, nicht so sehr von einer wirklichen praktischen Gelegenheit abhängt als vielmehr von der geheimen Überzeugung, daß jener Gegenstand nur existiert, wenn er gebraucht wird, daß er mit gewissen Handlungen unseres Lebens beginnt und endet. BREUER sagte einmal im Scherz, daß wir nach und nach dahin kommen würden, auf emporschießenden Luftsäulen zu sitzen; der innere Sinn, die Metaphysik, die sich unter der Rationalität jener Metall-Skelette verbirgt, ist eine ständige Suche nach unsichtbaren Verbindungen, die uns im Raum schweben lassen: wie seltsame Marionetten, die, statt sich auf einer feststehenden Bühne zu bewegen, durch das Anziehen ihrer Fäden die Bühne bewegen, auf der sie agieren.

Es handelt sich nicht mehr darum, von der Materie zur Form zu gelangen; denn den Ausgangspunkt bildet schon eine Form (das Metallrohr), die Entwicklung ist schon gestaltender Aufbau: von der Einheit zur Vielfalt mittels einer Reihe sich folgender Projektionen. Auf diesem Wege wird das Möbelstück zu einer Ergänzung der Architektur, die nun aber nicht mehr als statische und plastische Darstellung eines bestimmten Raumes aufgefaßt wird, sondern als Dimension der unendlichen Möglichkeiten des Lebens.

Die gleiche Entwicklung kann man in der Behandlung der Keramik beobachten. Sie geht von der Wiedererweckung der handwerklichen und volkstümlichen Formen aus, die in polemischer Weise der Überladenheit und Kompliziertheit der von dem bürgerlichen Geschmack bevorzugten Typen entgegengestellt werden, und gelangt zur Entwicklung von einfachen Formen für die Serienproduktion. Sie geht der Entwicklung der Metallwerkstätte analog, die im Anfang dem Programm des Werkbundes folgt (Interpretation des Materials durch Werkzeug und Technik), aber in einer zweiten Phase unter der Leitung von MOHOLY-NAGY schnell die Richtung ändert; man gibt die kostbaren Metalle und die handwerkliche Bearbeitung auf, die Werkstätte konzentriert sich auf die industrielle Bearbeitung von verchromtem Stahl, Aluminium, Nickel, was vor allem Beleuchtungskörper betrifft. Ungeheuer viele vom Bauhaus in jenen Jahren entwickelte Typen für Raumleuchten und Tischlampen sind von der Industrie übernommen worden und sind so in den allgemeinen Gebrauch übergegangen: unsere gewohnten, im Gebrauch befindlichen Beleuchtungskörper stammen zum größten Teil von Ideen des Bauhauses ab. Zum erstenmal wird eine Lampe nicht als ein komplizierter ornamentaler Gegenstand entworfen, der zufällig dazu dient, Licht zu spenden, sondern als sachliche Lösung eines Problems, bei dem als Faktoren die Lichtquelle und der zu erhellende Raum gegeben sind. Beide Faktoren sind ganz eindeutig gegeben, doch wäre es wahrscheinlich schwierig gewesen, sie zu individualisieren, wenn man sich nicht klargemacht hätte, daß zwischen Lichtquelle und der zu erhellenden Zone eine räumliche Beziehung besteht. Nur die typischen Formelemente der neuen Architektur mit ihren leichten und klaren Wänden, die als bewegliche Schutz- und Scheidewände in einem unendlichen Raum gedacht sind, konnten in der Tat den Wunsch nach einem diffusen, einheitlichen Licht eingeben, ohne starken Schatten, gleichsam eine Sättigung des Raumes mit Licht, und den Wänden selbst und der Decke als reflektierenden Flächen die Aufgabe der Beleuchtung zuweisen. Zwischen der Form der Lichtquelle – es ist eindeutig, daß diese Leuchten in Gestalt von Kugeln, Schalen, konzentrischen Zylindern eine ‹Form› des Lichtes darstellen wollen – und der Form des Raumes beginnt sich so eine Beziehung herzustellen, die ich nur als ‹konstruktiv› bezeichnen kann, da sie im Endeffekt über die naturalistische Idee einer Lichtflamme oder eines Lichstrahles hinausgeht, um zu einer absoluten Identifizierung von Licht und Raum zu gelangen.

Wir glauben uns nicht zu irren, wenn wir diesen konstruktiven Gedanken des Lichtes GROPIUS selbst zuschreiben, der schon 1923 für

40

das eigene Büro in Weimar ein System von rechtwinklig miteinander verbundenen Lichtröhren entwarf, das der Verteilung der Möbel und der Fensteröffnungen entsprach.

Von der Wanddekoration zur Betonung der Wandoberfläche

Die Entwicklung des Bauhauses auf eine vollkommene Einheit oder formale ‹Integration› hin kann man leicht in der Wandmalerei verfolgen. Die führende Persönlichkeit ist hier von Anfang an OSKAR SCHLEMMER, ein Künstler, der durch die Erfahrungen SEURATS und des Kubismus hindurchgegangen ist und dem wir eine seltsame formale Theorie, den ‹Compressionismus›, verdanken. Im Bauhaus von Weimar hat SCHLEMMER eine Reihe von Wanddekorationen in Stuck und Malerei geschaffen. Sein Ziel ist es, auf der Wand einen dem Zimmer gleichwertigen Raum zu ‹comprimieren› und so Flächen zu schaffen, die den leeren Raum zu kompensieren oder seine Leere auszufüllen vermögen. Es handelt sich darum, eine Identität zwischen Voll und Leer, zwischen realem und vorgestelltem Raum herzustellen, eine ununterbrochene, unbegrenzte, elastische, zusammenhängende, wie ein Fluidum flüssige Räumlichkeit zu suggerieren, in der man schwebt wie Fische im Wasser. Da es in einem solchen Raum nicht mehr möglich ist, Oberflächen und Massen zu unterscheiden, weil die optische und geistige Distanz zur Objektivierung und Klassifizierung der Werte fehlt, setzt man *a priori* die Identität von Form und Farbe voraus. Die Wand ist immer eine Perspektive, vielmehr eine doppelte Perspektive, ein Schirm, auf den die diesseits und jenseits angenommenen Tiefen projiziert werden und sich gegenseitig durchdringen. Dies ist ein charakteristischer Prozeß der fortschreitenden Annullierung des begrenzten Raumes, der für das Bauhaus, oder mit anderen Worten, für die Architektur von GROPIUS bezeichnend ist. Einen Beweis dafür haben wir in den pädagogischen Übungen, die auf Grund der Äquivalenz von Form und Farbe durchgeführt wurden: zum Beispiel einen gewissen gegebenen Umriß mit der Farbe auszumalen, die für die geeignetste gehalten wird, ihn ‹auszufüllen›.

So geistreich und feinsinnig die Versuche SCHLEMMERS auf dem Gebiet der Wandmalerei auch sein mögen, so bedeuten sie doch immer noch einen Kampf mit einem gegebenen Material; die Malerei legt sich über die Wand, sie strebt danach, sie aufzubauen oder sie zu überwinden, doch erkennt sie sie trotzdem als äußere Grenze an. Im Bauhaus von Dessau wenden sich die Studien, auf direkte Anregung von GROPIUS, anderen, scheinbar banaleren Fragen zu: neuen Typen von Tapeten, die von jeglichen figürlichen Elementen frei sind, deren Wert ausschließlich in der Qualität der Oberfläche besteht, im

41

‹Gewebe› oder im ‹Korn› des Materials. Auch diese Typen, die in ihrer äußersten Einfachheit Träger der neuen Raumideen waren, sind von der Industrie übernommen und auf breitester Grundlage auf den Markt gebracht worden. Es erübrigt sich zu sagen, daß sie ausschließlich mit industriellen Mitteln herstellbar sind. Wieder setzt der Übergang vom handwerklichen zum industriellen Typ einen neuen schöpferischen Prozeß voraus; er ist leicht als ein Prozeß der Integration oder Induktion der Form oder als eine ‹Zeichnung› in der Materie erkennbar. Es entsteht daraus ein neues, von allen naturalistischen Beziehungen absolut freies Material, das nicht Gewebe noch Kalkbewurf noch Stuck noch Malerei ist und doch alle jene formalen und technischen Erfahrungen in sich schließt, verbindet und übertrifft.

Es ist auch interessant zu beobachten, daß zu der Entwicklung dieser neuen Tapetentypen die auf dem Gebiet der Beleuchtung gemachten Erfahrungen zweifellos beigetragen haben. In der plastischen Beschaffenheit der Oberfläche, in ihren tastbaren Eigenschaften liegt in der Tat eine räumliche Vorstellung eingeschlossen, gleichsam eine der Fläche eingedrückte Tiefe und Plastizität; und da diese der Oberfläche ‹mitgeteilte› Tiefe und Plastizität ursprünglich verschiedene physische Möglichkeiten der Ausstrahlung oder Hemmung des Lichtes darstellten, ist die plastische oder tastbare Eigenschaft der Tapete immer auf eine Skala von Beleuchtungseffekten übertragbar und für den Grad der Empfindlichkeit oder Reaktion des Lichtes wertvoll; von diesem nimmt man an, daß es mit den Tapeten identisch werden und gleichsam physisch sich ihnen amalgamieren könne, die es absorbieren, zurückwerfen, verbreiten, brechen. Und wie das Licht danach strebt, zur räumlichen Struktur zu werden, so strebt die Architektur danach, sich in Lichtkörper aufzulösen.

Die Gewebe

Der Entwicklungsprozeß des Lehrbetriebs in der Weberei folgt dem Vorbild der Wanddekoration. Verfolgen wir zuerst eine Darstellung des Problems im handwerklichen Bereich: die Malerei wird auf ein Gewebe übertragen, in volkstümlichen Mustern, die wie bei der Keramik danach streben, den reinen Geschmack an lebhaften Farben und klaren Formen gegenüber dem verdorbenen allgemeinen Geschmack an neutralen, verschwommenen, ineinander verschmelzenden Farben zu stärken. Da diese Tendenz das Gewebe in eine der Malerei sehr verwandte Sphäre brachte, die selbst im Gegensatz zu jenem allgemeinen Geschmack nach kräftigen Formen und lebhaften Farben suchte, spiegeln sich in den Geweben Motive von KANDINSKY, KLEE, des Kubismus wider. Man begann die Farben in einem räumlichen Sinne oder Rhythmus miteinander in Verbindung zu bringen. Diese ‹eingeflossene› Räumlichkeit verbindet sich mit dem Material und verändert es; wir stehen nun nicht mehr einem naturalistischen Material gegenüber, das danach verlangt, eine Form anzunehmen, sondern der bloßen Idee oder Hypothese eines ‹räumlichen Materials›, das nur nach einer materiellen Ausführung verlangt. Der Prozeß der Integration des Raumes in der Malerei geschieht schon im Entwurf; das Material ist schon Form; der Produktionsprozeß kann nur noch der mechanisierte Vorgang des Drucks oder einer anderen Vervielfältigung der gedachten Form sein. Von dem bestimmten Gegenstand, zu dem sich das Material des Gewebes und der Farbe als Teppich, Schal usw. gestaltete, ging man nun über zum Stoffstück, zu einem Material, das durch seine eigene Beschaffenheit schon vollständig sein eigenes Muster in sich trägt; das jedoch nunmehr nur noch in der Verknüpfung der Anordnung der Fäden erkennbar ist. Von dem ursprünglichen Rohmaterial ist man zu dem übergegangen, was wir statt als ‹Form› besser als ‹vorgeformtes› Material bezeichnen könnten. Auch auf diesem Gebiet hat das Bauhaus Entwürfe geschaffen, die die Entwicklung der Textilindustrie tiefgehend beeinflußt haben.

Mit der Reform der Typographie, des Buchwesens, des Theaters erweitert das Bauhaus seine Einflußsphäre unbeschränkt auf die Sitten und Gebräuche der Gesellschaft: es handelt sich nicht allein darum, im täglichen Leben durch die Gegenstände des allgemeinen Gebrauchs einen ausgeprägteren Sinn für die Form und damit ein klareres Bewußtsein von der Realität zu entwickeln, sondern die Empfindungszentren des Menschen in der Gesellschaft zu individualisieren und zu stärken.

Die Graphik

In der Typographie erstreckt sich die Erneuerung von der Form der Buchstaben bis zum Aufbau der Seite und des Buches. Klar gezeichnete, äußerst vereinfachte, auf eine Kombination von Geraden und Kreisen oder Halbkreisen zurückgeführte, einheitlich spationierte Buchstaben treten an die Stelle der verschnörkelten gotischen Lettern und der bauchigen, eintönig in *Clairobscur* ausgeführten lateinischen Lettern. Der Gebrauch einer einzigen Schriftart, die nur in der ‹Größe› wechselt, wird zur stehenden Regel. Sogar der Gebrauch der großen Buchstaben wird abgeschafft. Die stilistische Ähnlichkeit zwischen der Zeichnung der neuen Buchstaben und den Profilen der neuen Metallmöbel springt in die Augen; ich möchte fast sagen, daß die Buchstaben auf der Seite so stehen wie jene Möbel innerhalb der Architektur. Sie bilden die·Elemente einer räumlichen Komposition der Seite. Die Kunst des Schriftsetzers besteht darin, Räumlichkeit auf der Oberfläche des Blattes hervorzurufen oder sie ihr zu integrieren. Es handelt sich hierbei nicht um eine illusorische Räumlichkeit, die sich der Oberfläche aufprägt; wie immer ist beim Stil des Bauhauses die Räumlichkeit nicht illusorisch (denn Illusion ist stets Überwindung eines gegebenen Objekts), sondern angenommen oder hypothetisch. Zwischen der Oberfläche der Seite und der Räumlichkeit der typographischen Komposition besteht kein Widerspruch, ebensowenig wie zwischen der Fläche der Tafel und einer auf ihr dargestellten körperhaften geometrischen Zeichnung. Daher auch die absolutere Freiheit der kompositorischen Ordnungen.

Die typographische Seite ist ein Mittel, durch das wir Tatsachen und Gedanken aufnehmen, unabhängig von der Form der Zeichen, mit denen sie geschrieben werden (in diesem Sinne ist die Typographie des Bauhauses das äußerste Gegenteil der beschreibenden oder symbolischen, nur scheinbar revolutionären Typographie der Futuristen, Dadaisten und Surrealisten); es ist absurd, von der typographischen Seite zu verlangen, das sie die darauf geschriebenen Gedanken ausschmücke oder kommentiere; man kann von ihr nur verlangen, daß sie diese mit der äußersten optischen Klarheit mitteile. Trotzdem ist das Lesen mit der Wahrnehmung der Schriftzeichen verknüpft; die Realität, die wir wahrnehmen und die die zum Verständnis des Textes aufgewandte Arbeit des Geistes optisch begleitet, ist die geschriebene Seite; sie ist das Werkzeug, das uns mit jener anderen verborgenen Realität, dem Text, in Verbindung bringt, dem unser unmittelbares Interesse gilt. Die Seite ist der Raum, die Dimension, die Bedingung oder Form der Realität, in der sich jener wesentliche Akt des zivilisierten Menschen, das Lesen, vollzieht. Die Klarheit und Ordnung des Raumes, die Angemessenheit dieser Form sind die Vorbedingungen für die Vollständigkeit und Gültigkeit dieses Aktes. Zusammenfassend sei gesagt: Durch Jahrhunderte hindurch wurden die Druckbuchstaben vom Standpunkt der ‹Schrift› aus betrachtet, gleichsam als epigraphische Vollendung des literarischen Werkes; heute werden sie vom Standpunkt der ‹Lektüre› aus, als ein Werkzeug des Lesers betrachtet. Dasselbe hat sich in der Architektur ereignet: einst war sie ein Organ des schaffenden Baumeisters, als des Interpreten der höchsten religiösen und politischen Vorstellungen; heute ist sie ein Organ des Menschen, der sie bewohnt, ein Werkzeug seiner Existenz.

Der neue Stil der Publizistik ist vielleicht das einzige Gebiet, auf dem das Bauhaus eine polemische Herausforderung angenommen hat. In ihm werden die auf szenischem, photographischem, typographischem Gebiet gemachten Erfahrungen zusammengefaßt und die Themen und Motive zeitgenössischer Kunstbewegungen mit größter

Klarheit widergespiegelt wie der dem Programm des Bauhauses gänzlich fernstehende oder nur am Rande interessierende Surrealismus. Die herkömmlichen Plakate spekulierten auf die stagnierende geistige Trägheit und platteste Dummheit des Publikums, durch Vignetten, denen man eine größere Wirkungskraft zu verleihen glaubte, indem man auf den groben Ausweg der Karikatur zurückgriff. Während man hier eine durchschlagende Wirkung doch gerade mit der unmittelbaren Evidenz eines objektiven Elements (Gestalt, Photographie, kubische Schrift) erreicht, meist in einen irrealen Raum gesetzt, der es isoliert, der Wahrnehmung aufdrängt und dem Gedächtnis einprägt.

Das Theater und seine Aufgabe

Die Vorschläge des Bauhauses für eine neue Aufgabe des Theaters treffen mit dem Schlußakt einer Krise zusammen, deren erste Symptome auf das Ende des vergangenen Jahrhunderts zurückgehen. Die Geschichte des Theaters ist mit der Geschichte der bildenden Kunst durch eine Reihe von Beziehungen verbunden, die weit über die einfache Bühnenmalerei hinausgehen. Von der Renaissance an bis heute war das Theater gesprochene Malerei, die Malerei stummes Theater: die Basis des Theaters wie der Malerei bildete die Fiktion, die Welt des Möglichen. Die Krisis des Theaters und der Malerei beginnt mit der Trennung des Möglichen vom Wahrscheinlichen. Dieses bleibt das höchste Ziel, solange das Mögliche nur die Fortsetzung des Wahren in der Phantasie darstellt; wenn dagegen das Mögliche als Gegensatz zum Realen gedacht wird, das dem Sein entgegengesetzte Nichtsein, so ist das Unwahrscheinliche die eigentliche Form des Möglichen. Wenn damit die Sicherheit einer objektiven Wirklichkeit verlorengeht, wird die menschliche Existenz selbst zu einer fortgesetzten Projektion ins Mögliche. Indem wir uns in die absurdesten Situationen versetzen, hypothetisch die unwahrscheinlichsten Voraussetzungen annehmen, durchbrechen wir die Hülle der gewohnten oder herkömmlichen Begriffe, verlassen wir die naturalistische Landschaft, die jene Begriffe um uns herum schaffen, empfangen wir ein äußerst lebendiges Abbild von dem, was unsere Situation in der Welt in Wahrheit ist, von der unglaublichen Folge von Zufällen, von Widersprüchen, von Absurditäten, Zweideutigkeiten, Paradoxien, mit denen unser Leben tatsächlich ständig und unvorhergesehen durchflochten ist. Unser ganzes Sein, seine innere und äußere Chronik, die geheime Welt des Unbewußten werden sich nun im Rhythmus des Schauspiels spiegeln. Die Vorstellungen des Zirkus, des Varietés, des Balletts, mit ihren zugleich banalen und absurden, idiotischen und paradoxen Bildern, mit ihrer unverfälschten und offenen Sinnlichkeit, mit ihrer unmittelbaren Verständlichkeit, sind deswegen von einer Echtheit, die wir umsonst in dem sogenannten ernsten Theater suchen werden. Kein Wunder, daß dieses neue, aus einer dramatischen Krise des modernen Gewissens hervorgegangene Theater sich mit Vorliebe auf das Komische konzentriert. Es genügt hier, an die Gedanken über das Komische zu erinnern, die gerade in jenen Jahren bei BERGSON zu reifen begannen; das Komische als ein zufälliger, unvorhersehbarer Bruch eines normalen ‹Rhythmus›, zugleich aber auch als das Phänomen einer neuen Problematik der Beziehungen zwischen der physischen und der moralischen Welt. Denn wenn man nun die Taste des Schmerzes oder der Angst anschlägt, so tönt uns der Klang der ‹tragischen Groteske› entgegen (Beispiel: der expressionistische Film ‹Das Cabinet des Dr. Caligari›*, der genau das Unvorhergesehene des Komischen auf einem entgegengesetzten Gefühlsregister darstellt). Diese Probleme entstehen natürlich nicht im Bauhaus. Wer sich der Tonart des Dramas von VICTOR HUGO in vielen Bildern von DELACROIX erinnert oder — auf einer niedrigeren Ebene — der Parallelität des Naturalismus in der Malerei mit dem Verismus im Theater am Ende des vorigen Jahrhunderts, wird ohne Schwierigkeit erkennen, daß die ersten Anzeichen für die Verschiebung der traditionellen Beziehungen zwischen Theater und Malerei aus dem Bezirk der naturalistischen ‹Fiktion› auf den der formalen Realität schon in dem Interesse wahrzunehmen sind, mit dem die modernen Maler den Zirkus und das Ballett verfolgen: angefangen von den Toreros und der ‹Lola de Valence› von MANET, den Ballerinen von DEGAS, den Chansonetten von TOULOUSE bis zu den Zirkusreiterinnen von SEURAT und den Harlekins von PICASSO. Dann kam die Zeit der russischen Ballette, der kubistischen Revolution der Bühne und der Kostüme, der ‹Maler am Theater›, der Gleichschaltung von Bühne, Ballett und Musik. Das Kino hatte eine neue Vorstellung vom Bühnenraum hervorgerufen: den funktionalen Raum. Ebenso ruft das objektive Wahrnehmungsvermögen dieses Mittels, seine Unparteilichkeit in der Registrierung der Empfindungsreihe der Bilder zu gleicher Zeit den Realismus (amerikanischer Film) und die abstrakte Kunst (SURVAGE, EGGELING, RUTTMANN) hervor.

Mehr als ein Motiv des von dem italienischen Futurismus geforderten ‹synthetischen, atechnischen, alogischen, irrealen› Theaters geht in die szenische Konzeption des Bauhauses über. Das totale Theater verschmilzt alle Typen des Schauspiels, verwickelt den Zuschauer

---

* Über diesen seinerzeit sensationelles Aufsehen erregenden Film vgl. SIEGFRIED KRACAUER, Von Caligari bis Hitler. rde Bd. 63, S. 37 ff. (Anm. d. Red.)

mit in die Handlung, unterwirft ihn einer heftigen Entladung von Empfindungen, entfesselt seine inneren Kräfte und steigert — wenigstens den Intentionen nach — seine Empfänglichkeit, seine Freude am Leben. Personen, Bewegung, Musik, Lichter, Farben sind von derselben Wichtigkeit und bilden zusammen einen lebendigen Organismus in einem belebten farbigen, tönenden Raum. SCHLEMMER ist der Schöpfer einer Bühnentechnik, die den Raum als das Ergebnis von Bewegung und Rhythmus auffaßt, als eine ‹Konstruktion›, die sich verwirklicht und an der die Zuschauer selbst teilnehmen; auch die Darsteller werden zu ‹Raum-Formen›, das Licht wird in sich drängenden, überstürzenden Formen projiziert, jede formale Darstellung trifft eine offene Sensibilität und ruft unmittelbare Reaktionen hervor.

Die Theaterkostüme von SCHLEMMER, die aus dem Darsteller eine räumliche Figur in Bewegung machen, scheinen den *stroboskopischen* Photographien nachgebildet, die in einem einzigen Bild die aufeinanderfolgenden Stellungen eines in Bewegung befindlichen Körpers festhalten; der Darsteller wird zu einer Einheit mit der Bühne, gestaltet ihren Raum, indem er selbst zur rhythmischen Bewegung wird.

Es lohnt die Mühe, sich zu fragen, warum man durchaus, nachdem man dem Theater die alte moralische und didaktische Aufgabe geraubt hatte, den Zuschauer diesem Bombardement von Eindrücken aussetzen wollte, warum man mit solchem Eifer die ‹Intensivierung› des Seins erstrebte. Die Antwort darauf bietet sich von selbst an: weil heute Kräfte am Werk sind, die in entgegengesetztem Sinne wirken und das Leben zu verarmen und zu ertöten drohen. Sie werden durch die mechanisierte, sich wiederholende Arbeit der Industrie repräsentiert. Natürlich kann man einwenden, daß diese Entgiftungskur nicht die Wurzel des Übels beseitigt und daß diese nur beseitigt werden kann, wenn man der Arbeit durch die unmittelbare Teilnahme der Arbeiterschaft an der Planung der Produktion einen aktiven sozialen Charakter zurückgibt. Wenn nun auch das Heilmittel nicht das Übel beseitigt, so deckt es dieses doch indirekt auf: mehr konnte man nicht von Menschen verlangen, die Exponenten des aufgeklärtesten und fortschrittlichsten Kapitalismus waren, der aber doch immer Kapitalismus blieb.

Mit den sozialen Zielen verwandelte sich zugleich auch die architektonische Struktur des Theaters. Da die Zuschauer selbst zu Mitspielern geworden sind und ihre Gefühlsbewegung ein wesentliches Element der Handlung bildet, fällt die Trennung zwischen Zuschauerraum und Bühne fort; das ganze Theater wird zur Bühne; die Beweglichkeit der Einrichtungen erlaubte es, den räumlichen Abstand zwischen Publikum und Schauspielern oft und schnell zu wechseln.

Es genügt, bei dieser Gelegenheit an das sphärische Projektions-Theater von WEININGER, an das von FARKAS MOLNAR geschaffene U-Theater, an das von GROPIUS für PISCATOR entworfene ‹totale Theater› zu erinnern. (Textabb. 5 und Abb. 11)

Die in der Arena des Theaters und die im Bereich der Publizistik gesammelten Erfahrungen laufen in einem neuen Zweig der Architektur zusammen: dem Ausstellungswesen. Wir sind heute dermaßen an die Überraschungen dieser Werbe-Architektur gewöhnt, daß wir uns nur schwer vorstellen können, daß sie sich auf eine neue Vorstellung von der Beziehung zwischen Gegenstand und Raum gründet. Hier ‹ruht› der Gegenstand nicht mehr im Raum, sondern er bewegt sich, vervielfältigt sich, er agiert; es werden in ein- und demselben Raum vielfältige Perspektiven geschaffen, Überschneidungen, von denen jede zu einem verschiedenen Faktum führt; die Architektur wird nach der Notwendigkeit geformt, immer neue Horizonte vorzutäuschen, zu verschwinden oder sich plötzlich in einen Gegenstand, eine Schrift, eine Ankündigung zu verwandeln, die Aufmerksamkeit des Besuchers von sich abzulenken, um sie auf die künstlerischen Tatsachen zu konzentrieren, die sie wie durch einen Zauber erzeugt. Neu ist auch die Beziehung, die zwischen der proteusartigen, wandelbaren Architektur und ihrem Bewohner auf Zeit entsteht; denn der Raum beeinflußt unmittelbar das Wesen des Beschauers, verpflichtet ihn, zwingt ihn, seine gewohnten Raumvorstellungen aufzugeben, versetzt ihn in eine geistige Spannung, erläutert ihm· gebieterisch die Gegenstände seiner Interessen. Sie ist, im wahrsten Sinne des Wortes, nun zu einem Raum geworden, der durch das Leben selbst aufgebaut wird und der, mit einer unbedingten Klarheit der Formen, unmittelbar die gefühlsmäßigen Ansprüche befriedigt, die er selbst erregt.

Die Architektur als absoluter Konstruktivismus

Die Architektur ist der Gipfel, in dem alle künstlerischen Erfahrungen des Bauhauses zusammenlaufen: sie ist absolute Konstruktion, ein Abbild des inneren Konstruktivismus des Geistes. Es wurde schon gesagt, daß sie keinen praktischen Zwecken dient, weil der praktische nicht mehr vom theoretischen Gesichtspunkt zu trennen ist und selbst die Ratio sich nur in der Tat ausdrücken kann; vielmehr bedeutet sie eine Befreiung von der Praxis: ‹Die Rationalisierung, die viele als ein Grundprinzip ansehen, spielt in Wirklichkeit nur eine klärende Rolle. Die Befreiung der Architektur vom Überfluß der Ornamentik, die Betonung der Struktur, die Vorliebe für knappe und sparsame Lösungen stellen jedoch nur den rein materiellen Gesichtspunkt des Gestaltungsprozesses dar, von dem der praktische Wert der neuen Architektur abhängt.› Auch die Schönheit ist eine praktische Konsequenz der Form; einer der sekundären Wesenszüge der Architektur ist es in der Tat, ästhetisches ‹Wohlgefallen› mit der praktischen Forderung zu verbinden, das praktische Bedürfnis umzuwandeln in ein Verlangen nach formaler Klarheit, durch die ‹Darstellung› die Forderung des ‹Willens› zu befriedigen.

Mit dem Problem der Praxis wird in der Architektur das Problem der empirischen Realität oder der Natur gelöst und verschwindet; es öffnet sich als rationale Dimension des vernunftbetonten Lebens ‹eine neue Vision von Raum›. ‹Wenn Bauen in der Hauptsache eine Frage der Methoden und Materialien ist, setzt die Architektur den Besitz des Raumes voraus.› Die Unterscheidung zwischen Konstruktion und Architektur als Technik und schöpferische Gestaltung ist nur eine scheinbare; da man nur innerhalb des Raumes bauen kann, ist der Bau die Festlegung der räumlichen Idee; doch ist es wichtig, daß die ‹Schau› ein ‹Besitz› sei, ein tatsächliches Sein im Raum, ein den Raum *Wollen.*

‹Wir wollen den klaren organischen Bauleib schaffen, nackt und strahlend aus innerem Gesetz heraus, ohne Lügen und Verspieltheiten, der unsere Welt der Maschinen, Drähte und Schnellfahrzeuge bejaht, der seinen Sinn und Zweck aus sich selbst heraus durch die Spannung seiner Baumassen zueinander funktionell verdeutlicht und alles Entbehrliche abstößt, das die absolute Gestalt des Baues verschleiert.› Die Welt, von der die Architektur Besitz nimmt, ist keine unbewegliche feierliche Natur, sie ist die lebendige und bewegliche Welt unserer Gesellschaft. In dieser unendlich weit über die sichtbare Welt hinausreichenden Wirklichkeit hat ‹das Gefühl der Schwere, das die alte Bauform entscheidend bestimmte›, keine Gültigkeit mehr; ‹eine neue Statik der Horizontalen, die das Schwergewicht ausgleichend aufzuheben strebt, beginnt sich zu entwickeln; die Symmetrie der Bauglieder, ihr Spiegelbild zu einer Mittelachse schwindet — in logischer Folge vor der neuen Gleichgewichtslehre, die die tote Gleichheit der sich entsprechenden Teile in eine unsymmetrische, aber rhythmische Balance wandelt. Der neue Baugeist bedeutet: Überwindung der Trägheit, Ausgleich der Gegensätze.›

Es dürfte schwer sein, unter den vielen Abhandlungen, Programmen und Polemiken über die moderne Architektur klarere Worte zu finden. Nicht aus bloßem Widerspruchsgeist wird die Dynamik der neuen Architektur der Statik der alten entgegengestellt; es ist eine Statik, die über den besonderen Fall der traditionsgemäß von den Vertikalen ausgedrückten Schwerkraft hinausgeht und sich auf andere Kräftegruppen erstreckt, die nicht mehr auf den Gegensatz von Stütze und Last zurückzuführen sind, sondern in der inneren wechselseitigen Spannung der Massen wahrgenommen werden. Das Prinzip der Symmetrie und einer Mittelachse wird durch das Prinzip der Mehrzahl von Achsen und Gleichgewichtszentren ersetzt, die wechselseitige Kompensation der ‹Proportionen› durch die Kontinuität des Rhythmus, die Architektur der Antithesen (Last–Stütze; Massiv–Hohlraum; Horizontale–Vertikale) wird ersetzt durch eine einheitliche Architektur, ununterbrochen fortlaufend wie die Wirklichkeit selbst. Um unseres Seins bewußt zu werden, brauchen wir ihm nicht mehr den Gedanken des Nicht-seins gegenüberzustellen; wir sind, das begreift alles in sich. (Die Frage, die bleibt, ist, wenn möglich zu wissen, ob dieses unser Sein nicht auch ein Nicht-Sein sei und unser Ringen um eine neue Wirklichkeit nicht wieder nur ein Weg aus der Wirklichkeit hinaus.)

Der konstruktive Raum

Von den formalen Voraussetzungen kommen wir zu den konstruktiven Folgerungen. Die Mauern sind keine tragenden Elemente mehr, deren Standort den einzelnen Schwerkräften entspricht, sondern nur noch Scheidewände, die den Raum skandieren und abteilen und ihn in bezug auf die Bewegung, die ihn schuf, und die Lebenszeit, die abläuft, bestimmen. Die Fenster sind nicht mehr in einer Masse angebrachte Hohlräume, der sie entgegengesetzt sind; Hohlraum und Massiv sind gleicherweise Elemente der Wirklichkeit, es kann zwischen ihnen kein Gegensatz bestehen. Sie sind sogar nicht voneinander zu trennen, ein Massiv kann gleichnishaft zum Hohlraum werden und umgekehrt: das gestaltende Ideal der neuen Baukunst ist das Glasfenster, das zugleich Hohlraum und Massiv, Oberfläche und Tiefe, Außen und Innen ist und darum ‹zwischen Wand und Wand zu fluktuieren scheint mit der Gewichtslosigkeit der Luft.› Da nun keine Unterscheidung der Kategorien mehr möglich ist, werden Raum und Zeit in der Architektur identisch, wie sie es in der Phänomenologie und in der Einsteinschen Physik schon geworden sind. Der Raum ist eine Konstruktion des Bewußtseins, eine Dimension des bewußten Lebens in seinem Ablauf. Wie die Augenblicke unseres Lebens nicht den gleichmäßigen Schlägen der Penduluhr gleichen, sondern sich nach Intensität und Dauer unterscheiden, eine verschiedene Ausdehnung und Stärke haben gemäß dem Rhythmus unseres Lebens, so hat jeder Abschnitt des Raumes eine veränderliche, von der Intensität und Richtung der Aktivität, die durch ihn hindurchgeht, abhängige Ausdehnung und Dauer. Darum verwirklicht sich die Architektur auch in der Abfolge oder in der Bewegung. Kein Element, da es von Raum und Zeit — beide in ihrer Funktion veränderlich — bestimmt wird, kann einen anderen Bauteil *voraussehen*, dem es sich entgegensetzen könnte. Überdies würde eine solche Gegensätzlichkeit eine formale Bestimmtheit voraussetzen, die die einzelnen Bauteile nicht *a priori* besitzen, sondern erst durch den ‹Bau› erwerben (es sei hier daran erinnert, wie die klassische Schnittzeichnung jedem Bauteil eine genau bemessene, unveränderliche räumliche ‹Quantität› zuteilte). Da nun aber die einzelnen Bauteile diese formale Bestimmtheit nicht mehr besitzen, sind sie nicht — vielmehr erst *a posteriori* — als Massen, Flächen, Volumen, das heißt als Komponenten des Raumes qualifizierbar. Der Raum ist nicht das Gegebene, sondern das Ergebnis des Baues, dessen Entwicklung genau den Entwicklungsprozeß aus der Teileinheit zum räumlichen Ganzen durch die Bewegung darstellt.

Vorfabrikation

Was ist aber die Raumeinheit und wie erklärt man sie? Die Grundeinheit des Baues ist die typisierte, die standardisierte Form, der vorfabrizierte Bauteil. In dem Entwurf und in der Produktion der vorfabrizierten Bauteile vollendet sich der Zusammenhang von Material und Technik in totaler Weise, weil der mechanische Vorgang der Industrie die geistige Entwicklung vom Material zur Form wiederholt. Auf diese Weise gelangt die umfassende, vielfältige Erfahrung des Handwerks, die stets zugleich Materialerfahrung ist, an die Schwelle der reinen Konstruktion. Wie die unbekannte Größe einer Gleichung schon eine mathematische Größe, eine Wertbenennung darstellt, die in der Auflösung zahlenmäßige Konkretheit annimmt, so ist der vorfabrizierte Bauteil nicht mehr Material, sondern schon eine formale Einheit oder ein bestimmter Wert, der im Bau Konkretheit annimmt. Durch das Mittel der Vorfabrikation nimmt die Architektur die Erfahrung des Handwerks vollständig in sich auf und erhebt sich damit auf die Entwicklungsstufe der industriellen Produktion und gelangt zu einer vollen Ausnutzung der modernen Produktionsmittel.

Da die vorfabrizierten Bauteile nur potentielle Formen sind, sind sie nicht als Teile eines vollendeten und fertigen Baues aufzufassen, sondern nur als Glieder einer unbegrenzten Serie, die nach einem Rhythmus der Raumzeit fortläuft, das heißt nach dem Ablauf einer Bewegung oder einer Funktion. Darum ist der logische Endzweck der Vorfabrikation nicht das Bauen im traditionellen Sinne des Wortes, sondern der Städtebau als Architektur einer ganzen Zone, innerhalb derer sich die Beziehungen der wirtschaftlichen und sozialen Zusammenarbeit einer größeren Gemeinschaft verflechten und entwickeln. Es ist bekannt, wie in der modernen Planung der Städtebau nicht auf einen städtischen Komplex beschränkt werden kann, sondern sich auf die ganze Summe der produktiven Aktivität einer organisierten Gemeinschaft erstreckt. Der Städtebau ist darum nicht mehr nur eine allgemeine Voraussetzung der Architektur, sondern ihre gegenwärtige historische Form, genauer gesagt, eine Architektur, die als eine ‹kollektive Tätigkeit› verstanden sein will und aus dem Willen ‹eines ganzen Volkes› hervorgeht, Zeugnis und Werkzeug seines ‹Fortschritts›.

Der Hauptgegenstand der Baulehre des Bauhauses war in der Tat die Kombination von typisierten Einzel-Raumkörpern in Beziehung auf verschiedene soziale Körper und Funktionen; und schon 1923 ging man vom Studium der einzelnen Baueinheiten zum Studium ihrer Zusammenordnung durch die Funktion einer organisierten Gemeinschaft über, die in diesem speziellen Fall das Bauhaus selbst war (Entwurf für das Bauhaus in Weimar).

Man hatte geglaubt, in der industriellen Herstellung von Bauteilen der Architektur und der Industrialisierung des Baubetriebs, in dem Standard, in der Einbeziehung des Städtebaus in die Vorfabrikation das Ende aller gestaltenden und künstlerischen Möglichkeiten der Architektur sehen zu müssen. In Wirklichkeit aber, wenn man sich vergegenwärtigt, daß die Architektur sich nicht mehr in einem vorbestimmten Raum verwirklicht, sondern selbst den Raum bestimmt, erweist es sich klar, daß die Typisierung der Grundformen nicht die Möglichkeiten der räumlichen Kombinationen begrenzt, ebensowenig wie in der Malerei der Gebrauch der reinen Farben die unendlichen Variationsmöglichkeiten ihrer Kombinationen. Es ist bekannt, daß die reine Farbe nicht die elementare, sondern die absolute Farbe ist, bei deren Bestimmung weder naturalistische Faktoren (Licht, Atmosphäre) noch räumliche Vorstellungen (Perspektive, Helldunkel, Ton) sich einmischen. Ebenso ist die typisierte Form-Einheit diejenige, die im Bau unabhängig von jeder vorbestimmten statischen oder perspektivischen Bedingung verwendet werden kann.

Das Bauhaus und De Stijl

Die Architekturauffassung, die wir darzustellen versucht haben, hat mehr als einen Berührungspunkt mit dem Gestaltungsprogramm der Gruppe ‹De Stijl›, die in Leiden 1917 von THEO VAN DOESBURG, MONDRIAN, RIETVELD und OUD gebildet wurde; 1922 gründete De Stijl, von der kraftvollen reformatorischen Tätigkeit des Bauhauses angezogen, eine Sektion in Weimar, die aber nicht der Organisation der Schule beitrat. Die Berührung war jedoch trotzdem bedeutsam, und es steht fest, daß die von GROPIUS ausgearbeitete Analyse der architektonischen Formen in mehr als einer Hinsicht mit der Analyse der malerischen Gebilde von MONDRIAN verglichen werden kann. Die Analyse von MONDRIAN wendet sich nicht an das gegebene Sinnesorgan, sondern an das gegebene Wahrnehmungsvermögen; da mit der Wahrnehmung kein Werturteil verbunden ist, besteht sein Arbeitsprozeß hauptsächlich in dem Übergang von den ‹Wertungen› der naturalistischen Kenntnisnahme zur ‹Nicht-Wertung› der reinen Wahrnehmung. Schon in den Bildern MONDRIANS zwischen 1911 und 1914 erscheint klar das Streben nach einer unperspektivischen, rein dimensionalen oder direktionalen Raumauffassung, die unter Ausschluß jeglicher naturalistischen Ähnlichkeit sich als ein Ort der reinen Wahrnehmung darstellt. Von 1917 an widmet sich MONDRIAN dann einer strengeren Bestimmung der räumlichen Koordinaten, die die Bedingung der Wahrnehmung fixieren, welche als vollkommene Unempfindlichkeit des Gefühls und absolute ‹Nicht-Wertung› verstanden wird. Man könnte MONDRIANS Malerei als eine reduzierte Malerei bezeichnen: welches auch die Ordnung seiner chromatischen Faktoren sein möge, das Endresultat ist immer die räumliche Null. Die Malerei, die MONDRIAN selbst in einer bestimmten Periode (von 1914 — 1917) ‹vom Plus zum Minus› genannt hat, könnte man als eine Rechenaufgabe darstellen. Er teilt Farbfelder mittels horizontaler und vertikaler Linien ab: so erhält er qualitativ und quantitativ unterschiedene Farbfelder, die er ins Gleichgewicht bringt, indem er die quantitativen Unterschiede mit den qualitativen kompensiert und umgekehrt. Er kann auf diese Weise zum reinen Netz von Schwarz auf Weiß gelangen, d. h. zur Aufgabe des gegebenen Materials der Farbe, die dann nur als ‹räumlicher Ort› der linearen Koordinaten bezeichnet wird. Dies ist das Ergebnis oder der Endpunkt der Formanalyse MONDRIANS: der Punkt, in dem sich Wahrnehmung und Form überlagern und identisch werden (oder beide durch Gleichung zur Null gelangen). Keine weitere formale Entwicklung ist mehr möglich.

GROPIUS hat die unbestreitbare formale Grenze der Gruppe *De Stijl* und des Neuplastizismus vollkommen begriffen; man kann auch nicht von einem wirklichen und echten Einfluß dieser Strömungen auf das Bauhaus sprechen, höchstens in einigen Mustern typographischer Anordnung. Trotzdem stellte dieses Experimentieren mit den Beziehungen zwischen Wahrnehmung, Raum und Form einen wichtigen Beitrag zur Gestaltungstheorie dar, die GROPIUS zur eigentlichen Theorie der Architektur ausgearbeitet hat.

Durch das Prinzip der Teilbarkeit, das ein Bewegungsprinzip, d. h. der kontemplativen Unbeweglichkeit entgegengesetzt ist, hatte

MONDRIAN die Malerei auf eine Planimetrie von Farbfeldern zurückgeführt und die plastische oder malerische Darstellung des Raumes
durch eine reine Raumchiffre ersetzt; seine Malerei ist nicht ein Bild,
das sich verwirklicht, sondern ein Muster oder eine Formel, die in
dem Betrachter eine gewisse geistige Haltung hervorbringt, die ihn
befähigt, Raumbilder aufzunehmen. Sie ist oder will im Grunde eine
Art zu sehen oder eine Haltung der Wirklichkeit gegenüber sein, die
der Besitz jenes formalen Schemas im Betrachter dauernd festhält.
Dem analog verlagert sich in der Architektur der Wert vom Schauspiel der realisierten Form auf das Schema, das die Form hervorbringt, auf die Planimetrie, auf das Prinzip der Teilung und Verteilung des Raumes; dieses Schema bestimmt das Leben des Individuums, das den Raum des Baues bewohnt, zwingt es, sich bis in das
kleinste einer gewissen Kulturstufe anzupassen, versetzt es aus
einem bloßen Naturzustand in den Zustand voll entwickelter Gemein-
schaftlichkeit. Die planimetrische Malerei von MONDRIAN will den
Betrachter aus der Haltung des verstandesmäßigen Erkennens zu
der der Wahrnehmung führen und in ersterer alles das auslöschen,
was Konvention, Gewohnheit, traditionelles Sehen ist; die architektonische Planimetrie will nicht so sehr gewissen Nützlichkeitsfragen
entsprechen (auch sie sind veraltete Lebensgewohnheiten oder gesellschaftliche Konvention und Klassenvorurteile), als diese Fragen
klären, d. h. den empirischen, gierigen Nützlichkeitsstandpunkt auf
eine tatächliche, absolute und rationale Notwendigkeit zurückführen.

Existenzminimum

Wenn jede räumliche Unterteilung einem gewissen Komplex not-
wendiger Handlungen entspricht und wenn alle Betätigungen des
Lebens, die sich zu einer Funktion zusammenschließen, gleicherma-
ßen notwendig sind, besitzt jeder Raumteil einer rationalen Planimetrie einen absoluten Wert, ist er eine ‹Einheit›, ein Einzel-Raumkör-
per. Die vollkommene Rationalität einer Planimetrie erkennt man
daran, daß alle Räume, die sie aufteilt, welches auch das Maß ihrer
Ausdehnung sein möge, sich als absolute Raumwerte gleichstehen;
dieselbe räumliche Vollkommenheit oder Klarheit findet sich in jeder Raumeinheit wieder, kein toter oder formal ungenauer Raum
findet sich innerhalb der konzisen Ökonomie des Grundrisses.
   An diesem Punkt ist die Frage berechtigt, auf welche tatsächliche
geschichtliche menschliche Lage sich dieses strenge Programm gründet. Das Existenzminimum, das von diesem Augenblick an eines
der herrschenden Motive in dem Streit um die Architektur wird, hat
ganz und gar nichts mit einem unter dem Druck eines wirtschaftli-

chen Kollapses formulierten Fürsorgeprogramm zu tun, noch ist es ein Programm zur Verbesserung der Lebensbedingungen der armen Klassen oder ein zugestandenes Mindestmaß, das man den privilegierten Klassen entreißen will: es ist ein Problem, das die neue Baukunst dem allgemeinen öffentlichen Bauwesen entlehnt und als eine Stilbezeichnung sich zu eigen gemacht hat. Es ist das *Quantum*, das der soziale Organismus in seiner wirtschaftlichen Entwicklung dem Leben des einzelnen zubilligt. Von diesem Quantum, sei es durch ein Zuviel oder ein Zuwenig, abzuweichen, hieße Energien des Organismus außer Kraft setzen, das Lebensniveau von vielen zu Gunsten der wenigen senken, Ungleichheiten schaffen und hinterrücks retardierende und auflösende Momente in den Organismus einlassen. Das Existenzminimum ist folglich die Grundbedingung für das eigene Leben jenes modernen Asketen, der, nach TROELTSCH, der Vorkämpfer des industriellen Kapitalismus des Mittelstandes ist, der an die ‹Unbegrenztheit und Unendlichkeit der Arbeit› glaubt und will, daß sie nicht so sehr dem Genuß und dem Konsum diene als vielmehr ‹der ständigen Erweiterung der Arbeit selbst und der immer größeren Vermehrung des Kapitals›.

Eine solche Gesellschaft, die nicht mehr die Augen von der eigenen Arbeit aufheben will und kann, um das erfrischende Schauspiel der Natur zu betrachten, und ihr Heil nur in einem immer eifrigeren Tun sieht, verlangt nichtsdestoweniger, daß das erforderliche Stückchen Wirklichkeit, in dem jede ihrer Handlungen sich vollzieht, klar und bestimmt in seinen Umrissen sei. Nur so wird dieses ‹Tun› nicht mehr als Buße für die Erbsünde gelten, sondern als positives Wissen und Formen, als Gestaltung. Die Klarheit der Form wird zur Bestätigung der Gültigkeit des Handelns werden, so wie das nie abgeschlossene, unendlich verlängerbare, sich fortpflanzende, unendliche Möglichkeiten zulassende Dasein zum Beweis eines Lebens werden wird, das stets eine ‹Möglichkeit der Verwirklichung› bedeutet.

Darum wird die Architektur, dieser höchste Ausdruck der konstruktiven Fähigkeit des Geistes, zum aktiven Gestaltungsprinzip werden, das sich aus dem Leben entwickelt, es bestimmt und verwirklicht. Gleichzeitig wird ihre Form auch von höchster Klarheit und Aufgeschlossenheit sein, verlängerbar und wiederholbar bis ins Unendliche, bis zum Entwurf des Getriebes einer Stadt, bis zur Planung der Produktivität einer ganzen Gegend, bis zur entscheidenden Gestaltung der Welt, jener Welt, von der HEIDEGGER sagte, sie ‹ist nie, sondern weltet›.

Die Bauhaus-Lehre formuliert, unter Ablehnung jeder absichtlichen Poesie, eine Kunsttheorie, deren Wesen es ist, vom Schaffensprozeß untrennbar zu sein: jede Form ist zugleich Theorie und Praxis, Entwurf und Ausführung. Das Prinzip des Nicht-Figurativen, das die Grundlage dieser künstlerischen Lehre und aller zeitgenössischen Kunstströmungen bildet, ist tatsächlich das Prinzip einer Form, die nicht *ist*, sondern *sich bildet*, eines Tuns oder Schaffens, das über den Kunstgegenstand vom Erzeuger zum Verbraucher des Kunstgutes übergeht, ohne seinen aktiven Charakter zu verlieren. Als bloßer ‹Prozeß› verwirklicht sich das künstlerische Produzieren als Nebenerscheinung. Die Welt an sich ist weder gut noch schlecht, weder schön noch häßlich, weder rational noch irrational, weil sie in Wirklichkeit nicht ist, sondern wird: der formale Prozeß entspricht genau dem Prozeß ihres Entwickelns; daher das offensichtliche Interesse des Bauhauses für jede Bewegung und Strömung, wenn sie nur einen absolut zeitgenössischen oder aktuellen Charakter hatte und so Ausdruck einer gegenwärtigen Lage war. In den Formen des Bauhauses finden wir Spuren des Kubismus, des Futurismus, des Expressionismus, des Surrealismus, des Neoplastizismus, des Suprematismus; doch ist es ein Kubismus ohne gnostische unklare Anwandlungen, ein Futurimus ohne trübe nationalistische Hintergründe, ein Suprematismus ohne Nihilismus, ein Surrealismus ohne sexuelle Komplexe und ohne Entartung zu einem Spiel mit Paradoxien. Die Erfahrungen dieser Strömungen bestimmen die Basis der Aktualität, der sich die Gestaltungstheorie des Bauhauses als klärender Prozeß widmet. Doch diese objektive Erkenntnis der Aktualität oder der historischen Notwendigkeit jener Tatsachen oder Strömungen genügt nicht, bei all ihrer Vielfältigkeit, die Beziehung zwischen dem Bauhaus und einer klar umrissenen Erscheinung wie der *De Stijl*-Gruppe oder so tief originellen Künstlern wie Kandinsky oder Klee zu erklären.

Die Meinungsverschiedenheit zwischen Theo van Doesburg und Gropius, die sich zuweilen aufs äußerste zuspitzte, ist noch kürzlich Gegenstand einer Diskussion gewesen. Denn daß die Poetik von *De Stijl* einen außerordentlich wichtigen Einfluß auf das Bauhaus ausgeübt hat und von entscheidender Bedeutung bei dem Richtungswechsel nach der ersten Phase von Weimar und der folgenden zweiten von Dessau war, ist von Gropius selbst offen zugegeben worden. Doch ‹die Vorurteile van Doesburgs in bezug auf die Probleme der reinen Form stimmten nicht mit dem Ideal des Bauhauses überein, das Individuum in den Interessen der ganzen Gemeinschaft zu erziehen.› Mit anderen Worten, Gropius erkannte zwar die Bedeutung der formalen Gedanken van Doesburgs an, doch konnte und wollte er die Schule und ihre erzieherische und soziale Aufgabe nicht an einen bestimmten ‹Stil› binden und von ihm beschränken lassen, der wie ein Dogma anzunehmen war, denn es war sein Ziel, eine Krise zu heilen, eine bestimmte Arbeitsmethode einzuführen und durch die Vermittlung der Kunst wieder gewisse Beziehungen der sozialen Gemeinschaftsarbeit herzustellen, doch nicht eine bestimmte Formtheorie zu bestätigen und zu unterstützen.

Im übrigen enthüllt die Polemik zwischen De Stijl und dem Bauhaus ihre tieferen Ursachen sehr viel klarer, wenn man sie, statt sie in der Meinungsverschiedenheit zwischen van Doesburg und Gropius zu suchen, unter dem Gesichtspunkt des bestehenden Gegensatzes zwischen der Malerei von Mondrian und der Malerei von Klee sieht. Die Stellung des letzteren im Lehrkörper des Bauhauses wird im allgemeinen unterschätzt, obwohl er mit der Schule bis zuletzt durch ein tiefes Interesse verbunden war und versucht hat, in seinem Unterricht die kostbarsten Erkenntnisse seiner einzigartigen Kunst weiterzugeben. Doch welche Beziehung kann diese auf ein persönliches Erlebnis gegründete Kunst mit dem rationalistischen und äußerst konkreten Programm des Bauhauses gehabt haben? Innerhalb des Rahmens dieses Programms, das wieder Begriffe von ‹Qualität› in die auf Quantität eingestellte industrielle Produktion einführen wollte, kommt Klee das besondere Verdienst zu, die Bedeutung und den Begriff der ‹Qualität› mehr als jeder andere vertieft zu haben, die zweifellos nicht durch die Formeln neuer Proportionssysteme oder mit den Lehren vom goldenen Schnitt definiert werden konnte. Klee ist es, der darauf hinweist, daß die ‹Qualität› kein feststehender Wert oder eine vollkommene ‹Form› ist, sondern ein Wert, der in der inneren Zeitlichkeit des menschlichen Lebens wächst und reift: das Resultat einer langen Meditation über das innere Abenteuer, die Frucht der persönlichsten, eigensten und unwiederholbarsten aller menschlichen Erfahrungen. Auf diesem Wege, und nicht aus einem extrem romantischen Pessimismus heraus, gelangt er dahin, den Augenblick höchster Verwirklichung der ‹Qualität› mit dem Gedanken und der gleichsam vorweggenommenen Erfahrung des Todes zu identifizieren: dieser letzten Erfahrung, die keine Folge und keine Entwicklung haben kann und ganz nur uns gehört. Und in der Tat, was sonst als das unbewußte Aufblühen des Todesgedankens gibt durch seine Gegensätzlichkeit allen Äußerungen des Lebens eine sichere Gültigkeit, skandiert und bestimmt sie, indem er ihren dauernden Fluß unterbricht, sie in einen Raum und eine Zeit versetzt, ihnen die klare Begrenzung einer ‹Form› verleiht? Und was sonst als dieser geheime wiederkehrende Gedanke trägt in das Leben und mischt in alle seine praktischen Momente jene unabdingbare Jenseitigkeit, die der moderne Pragmatismus für immer besiegt und verbannt zu haben wähnte?

So erblühen neu aus diesem dauernden Wissen um eine letzte Erfahrung die Notwendigkeit einer geheimen, doch lebendig gefühlten moralischen Verpflichtung bei unserer künstlerischen Arbeit und die Überzeugung, daß der Beitrag, den wir der Gemeinschaft zu geben vermögen, nur in dieser persönlichen, bewußt erlebten und erlittenen Erfahrung besteht. Gerade diese menschliche Seite ist es, die die mythische Bedeutung erklärt, die der *industrial design* dem Gegenstand beimißt und in ihm über die ihm eigene Aufgabe hinaus verkörpert sieht (man denke an das Werk BREUERS, des engsten Mitarbeiters von GROPIUS). Dies erklärt auch, aus welcher Notwendigkeit sich später die sogenannte Überwindung des Rationalismus entwickelte, die ihre größte Rechtfertigung in der Aufgabe einer untragbaren Strenge von Prinzipien und in der Rückkehr zum Empirismus oder der brüsken Bekehrung zum naturalistischen Mythos des ‹Organischen› findet.

II. DIE EUROPÄISCHEN JAHRE (1911 – 1934)

Die ersten Arbeiten: Das Faguswerk

BEHRENS arbeitete am Bau jener Turbinenfabrik der AEG, die den neuen Kurs der deutschen Industrie-Architektur eröffnete, als GRO-PIUS, der zwei Jahre vorher an der Technischen Hochschule in München sein Diplom erworben hatte, von einer langen Europareise zurückgekehrt, als Assistent in sein Atelier eintrat. Der junge Architekt fühlte sicher die ungeheure Bedeutung des Werkes seines Meisters, der der wesentliche Vertreter des Anpassungsprozesses der industriellen Technik an die ästhetischen Forderungen der modernen Welt war. Die Industrie hatte ihre mühsame Inkubationszeit überwunden: sie ist nicht mehr das mechanische Ungeheuer, das den Geist zerstört, sie vertritt im Gegenteil einen neuen Spiritualismus, der die Materie vergeistigt. Sie ist das Symbol des künftigen Schicksals der Welt, der Horizont einer Kultur, die sich frei und selbstsicher fühlt wie die alte hellenische Kultur, von der die Dichter und Philosophen berichteten. Die neue Kultur vergöttlicht den sozialen ‹Körper›, wie die alten Griechen den physischen Körper vergöttlichten; die Arbeit ist das Geheimnis der neuen Schönheit, wie die Leibesübungen das Geheimnis der alten waren. Alles Tun wird ein Erziehen, ein Sich-Erziehen, eine Pädagogik. Die Pädagogik der Kunst wird gleichbedeutend mit der Idee von der Kunst als erzieherischem Wert: die Kunst ist die vollkommene Form einer Welt, die ein fortgesetztes Sich-Neuformen ist.

Das Faguswerk, das GROPIUS unter Mitarbeit von ADOLF MEYER 1911 in Alfeld erbaute, ist in diesem Geist konzipiert. ‹Seine Entwürfe — schreibt PEVSNER — gehen an Kühnheit weit über die von BEHRENS für die AEG hinaus. Lediglich kleine Einzelheiten wie die Fenster zur Rechten des Hauptgebäudes verraten noch BEHRENS' Einfluß. Was das Hauptgebäude selbst betrifft, so ist alles neu und anregend. Zum erstenmal ist hier eine vollständige Glasfassade verwirklicht. Die stützenden Pfeiler sind auf schmale Stahlbänder reduziert, die Ecken ohne jegliche Stütze belassen, eine Behandlung, die seitdem wieder und wieder nachgeahmt worden ist. Auch der Ausdruck des flachen Daches hat sich geändert. Nur in dem Hause von Loos, das ein Jahr vor der Fagusfabrik entstand, begegnen wir dem gleichen Gefühl für den reinen Würfel. BEHRENS' Gleichgewicht zwischen Vertikalen und Horizontalen ist aufgegeben; hier beherrscht eine Horizontale von großer Energie die gesamte Anlage.›*

Das in den Nebenflügeln nach und nach wieder veränderte Faguswerk muß nach der komplexen Gliederung der verschiedenen Fa-

---

* NIKOLAUS PEVSNER, a. a. O., S. 116 f. (Anm. d. Red.)

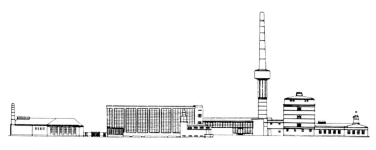

a) Ansicht

b) Grundriß

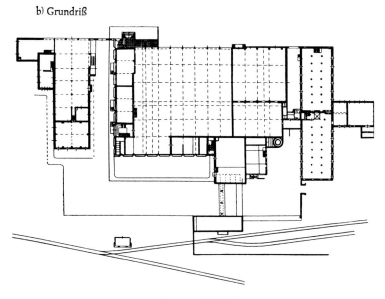

1. Faguswerk, Alfeld

brikgebäude beurteilt werden, die den bestimmten Forderungen ihrer Arbeitsfunktion gemäß im Raum verteilt sind. Diese Verteilung stützt sich auf die räumlichen Koordinaten, die von der Vertikalen des Schornsteins und der Horizontalen der langen vorderen Front bestimmt werden; dem entspricht die rechtwinklige Anlage der beiden Hauptgebäude. Da diese beiden streng funktionellen Bauteile, Schornstein und horizontale Front, der stilistischen Tradition völlig fremd sind, die jedem Konstruktionselement einen bestimmten räumlichen Wert zuwies, bedeuten sie nur, was sie objektiv sind: zwei entgegengesetzte Richtungsanzeiger in einem unbegrenzten Raum. Die absolute geometrische Antithese der beiden Raum-Koordinaten rechtfertigt und bestimmt a priori alle möglichen räumlichen Situationen. Damit wird jede Möglichkeit, die Bauteile mittels Gliederungen oder starker plastischer Verbindungen zu betonen, hinfällig; die architektonische Komposition wird zu einer geometrischen Konstruktion von parallelen und orthogonalen Flächen. (Abb. 2)

Diese Koordinaten, bloße Richtungsanzeiger, sind offensichtlich umkehrbar, indem sie beide gleicherweise in bezug auf die andere sowohl den Anfang wie das Ende des konstruktiven Raumes darstellen. Dieser hat infolgedessen unendlich viele Blickpunkte, die alle im Innern liegen und mit einem lebendigen Punkt der Konstruktion, gleichviel ob Hohlraum oder Masse, zusammenfallen. Von dieser optischen Bedingung ausgehend, gelangt GROPIUS zu der ersten Voraussetzung seiner Architektur: Das Gebäude hat einen raumbestimmenden Wert, d. h. eine ästhetische Bedeutung nur für denjenigen, der sich in diesen Raum hineinstellt und, da er ihn nicht mehr objektivieren kann, in ihm selbst lebt und wirkt.

Dieser Formgedanke als Ausdruck eines werdenden und darum von der Geschichtlichkeit der Natur und ihrer Wirkungen unableitbaren Raumes zielt spontan darauf hin, sich in einem so wenig wie möglich körperhaften und stabilen, räumlich und plastisch imponderabilen, in der Natur nicht auffindbaren Material auszudrücken: dem Glase. Wenn wir uns der Unterscheidung ALBERTIS * erinnern, zwischen der Oberfläche, die physisch zu den Dingen gehört und die sinnliche Haut bildet, durch die sie an den Raum angrenzen, und der Ebene als reiner Schnittfläche oder Projektion der Tiefe, werden wir leicht erkennen, daß das Glas, wie GROPIUS es gebrauchte, immer die Funktion der Schnittebene und nie der Oberfläche vertritt. Und daß GROPIUS besonders auf die Fläche als reine Raumeinheit hinzielte, scheint genügend dadurch bewiesen, daß im Faguswerk die schmalen Stützen des Daches nicht mit den Ecken des Baublocks

---

* LEON BATTISTA ALBERTI (1404—1472), bedeutender und außergewöhnlich vielseitiger Renaissance-Architekt und Kunsttheoretiker. (Anm. d. Red.)

zusammentreffen, wo die Glasplatten im rechten Winkel sich treffen: gewollt ist, daß die Glasfläche keine begrenzende Einfassung habe, nicht in der Festigkeit einer Kante eine Begrenzung ihrer Oberfläche finde, nicht von einer bestimmten Proportion der Höhe und Breite eine bestimmte, unveränderbare räumliche Lage erhalte. So wie naturgemäß die Tiefe, die durch das Glas hindurch bis in die innere Struktur erkennbar ist, die Oberfläche als festen Schutz zerstört, so zerstört auch die Glaswand die Tiefe als tatsächlichen und praktikablen Hohlraum. Indem er für den Blick durch die Metallrahmen der Glasfenster wie auf Millimeterpapier übertragen erscheint, hört der Hohlraum auf, sich als naturalistischer Effekt der Masse oder atmosphärischer Halbschatten zu offenbaren, und hat nur noch den Wert einer bloßen Hypothese oder räumlichen Möglichkeit.

Das zweite Werk von großer Bedeutung stammt aus dem Jahre 1914; das Verwaltungsgebäude und die Maschinenhalle, die von GROPIUS unter Mitarbeit von MEYER für die Werkbundausstellung in Köln errichtet wurden, die man als Paradestücke des architektonischen Expressionismus ansehen kann, der gerade in jenen Jahren bekannt zu werden begann. (Abb. 3)

Der erste Bau von GROPIUS nach dem Kriege ist schon ein Dokument der Bauhaus-Lehre. Das ‹Haus Sommerfeld› ist ein bescheidenes kleines Holzhaus. Die Erinnerung an WRIGHT ist noch eine Vorkriegserinnerung, sie geht auf die *Prairie-Houses* zurück. (Abb. 4)

Die Architektur wird zur Holzschnitzerei und zu einer Kunst des Zusammenfügens, sie wird zum Raum, der aus der Materie ausgehöhlt wird. Dies wird als die echteste Fortführung der handwerklichen Tradition aufgefaßt: man arbeitet nicht mit einem naturalistischen Urstoff, sondern mit einer Struktur, die jene Tradition schon integriert, dem Material angepaßt hat. Das ‹gegebene Material› ist weniger das Holz selbst als die Form, die das Holz seit alters als Baumaterial empfangen hat: das feste Gerüst der Balken, die horizontalen Linien der Verkleidung. Seit vielen Jahrhunderten hat sich eine Raumvorstellung so mit dem Material vermählt, daß Masse und Hohlraum nicht mehr als rein gegensätzliche Raumbestandteile zu trennen sind; Masse und Hohlraum, Vorsprünge und Einschnitte sind die Atemzüge, die Systole und Diastole des lebendigen Pulsschlages der Materie. Die schrägen und die tiefen Wände zu seiten des Eingangs graben eine Höhlung in die Masse ein, aber weiten sie zugleich in ihrer ganzen Oberfläche; diese Höhlung wird oben durch den vorspringenden mittleren Teil der Front kompensiert und durch die Fensterhöhlung, die körperhaft wirkt und über die Fläche mit den prismenförmig zusammengesetzten Leisten der Glasscheiben vorragt. Ebenso ist oben auch das Gesims gebrochen, um die Bewegung der Flächen zu unterstreichen, während unten die abgeschrägten Kanten des überhängenden Vordachs Vorsprünge und Rückweichungen fest verbinden und so die Einheit und Wucht des Hausblocks wiederherstellen. Der Raum ist zugleich auch Licht, das die lebhafte Bewegung der Flächen und die Klarheit der Struktur mit der Materie eins werden läßt; die konstruktive Arbeit, sei es der Entwurf oder seine Ausführung, ist der Prozeß, durch den die Materie sich zur rein räumlichen Qualität des Lichts entwickelt.

Trotz seiner strengen Ökonomie gehört das ‹Haus Sommerfeld› noch in den Bannkreis expressionistischer Formgebung. Ohne sich vom Bauhaus zu entfernen, kann man dieses Gebäude mit gewissen Holzschnitten von FEININGER in Verbindung bringen, nicht allein wegen des gemeinsamen und sicher nicht zufälligen Zurückgreifens auf die handwerkliche Holzbearbeitung, sondern wegen des gemeinsamen Versuchs, aus gewissen objektiven Gegebenheiten (für den Holzschneider die zu illustrierende Erzählung oder Tatsache, für den Architekten ein lebenswichtiger Bedarf, den er befriedigt, für den Meister des Holzschnittes wie den Architekten der Stoff und das Handwerkszeug) einen neuen Raumgedanken zu entwickeln, der allein an der Skala der menschlichen Tätigkeit zu messen ist: einen Raum, der nicht ordnet, sondern sich nach den wechselnden Funktionen des Lebens selbst ordnet.

Doch diese kurze expressionistische Neigung hat innerhalb der Architektur von GROPIUS wie in der parallelen Entwicklung des Bauhauses keine andere Wirkung als die definitive Verbindung der Raumvorstellung mit dem Bewegungsgedanken, sei sie nun als vitale Funktion oder als positives handwerkliches Tun des Künstlers zu verstehen. In dem ‹Denkmal für die Märzgefallenen› wird schon reine Plastizität als ein Sichzusammenballen und Hervorbrechen des Raumes mittels der Bewegung gedacht: eine Bewegung, die natürlich nicht mehr Aktion oder Übergang in einen gegebenen Raum sein kann, sondern nur Zerbrechen einer Bedingtheit des Gleichgewichts, Abweichung von gewissen Konstanten, ein Sichsenken von schrägen Flächen und gleitenden Abhängen. Die Materie ist das Produkt des von einem Bewegungsstrom durchzogenen und verdichteten Raumes; es ist nicht mehr eine erstgeborene Materie, die der Wille des Künstlers aus ihrem natürlichen Zustand erweckte, sondern eine künstliche, mit der Form zugleich geborene Materie, die ohne Form nichts ist als eine flüssige breiige Masse, in dauernder Bewegung oder Spannung: der Zement. Diese Flucht in das Gebiet der reinen Plastik bleibt nicht ohne Wirkung, da sich das Modell eines Wohnhauses aus dem Jahr 1922 als eine exzentrische Schöpfung ineinandergeschobener Blöcke darstellt, und zwar gleichsam in dem Moment, in dem sie sich kraft eines Bewegungsimpulses befreien, den der sich entwirrende Plan erzeugt.

63

In diese Periode gehört auch noch ein für den Wettbewerb der ‹Chicago Tribune› eingereichter Entwurf. Es ist ein Wolkenkratzer als Symbol, als Bild der räumlichen Unendlichkeit, in der uns zu leben erlaubt ist kraft einer Architektur, die sich die Mittel und Fortschritte, selbst den Rhythmus der industriellen Produktion zu eigen gemacht hat. Es ist, so glauben wir, auch zugleich ein klarer Appell, den dieser Sohn Europas an die Neue Welt richtet, an die Welt der unbegrenzten Möglichkeiten: ein Appell, der bald darauf wiederholt wurde, in einer anderen Richtung, an eine andere neue Welt der unbegrenzten Möglichkeiten, durch die Teilnahme am Wettbewerb für den Sowjet-Palast in Moskau.

Der neue Gedanke im Entwurf für die ‹Chicago Tribune› besteht darin, daß der Bau nicht mehr nach dem ökonomischen Schema und Prinzip der Hochhäuser entworfen ist, als ein Turm, der mit seiner ganzen Höhe und seinem Gewicht auf einem minimalen Bauplatz lastet, sondern als ein Raum, für dessen Plan keine statischen und proportionalen Grenzen existieren: als eine nach allen Richtungen des Raums projizierte und entwickelte, unendliche Planimetrie. Auch hier begegnen wir den schon bekannten Niveauverschiedenheiten bei der Aufstellung der Baublöcke, der die Verschiedenheit ihrer Entwicklung in Höhe und Umfang entspricht. Die großen Eckbalkone haben nicht die Funktion, den Aufstieg der Vertikalen im Gleichgewicht zu halten, weil die Vertikalen keinerlei Aufstiegs- oder Schwungkraft mehr haben, sondern nur einfach Linien darstellen, die sich verlängern und theoretisch sich bis ins Unendliche verlängern könnten. Diese Balkone setzen die Horizontalen des Baues fort, zeigen, daß die Quadratur der Oberflächen sich nicht mit den Oberflächen erschöpft, daß der Raum in Breite und Tiefe ebenso wie in Höhe teilbar ist, daß endlich das Gebäude in allen Richtungen den Raum durchquert, dessen effektive und ausschließliche Struktur es bestimmt.

Jetzt ist kein Punkt des Raumes mehr mit Sicherheit feststellbar außer denen, die sich aus dem Zusammentreffen von zwei oder mehr Flächen, d. h. aus den wechselseitigen Grenzen ergeben. Da nun die Architektur eine Raumkonstruktion oder Besitzergreifung von Raum ist, hat sie keine Bedeutung mehr als Form an sich, sondern nur in den Strukturen, die die einzigen mit Sicherheit bestimmbaren räumlichen Orte sind. In der Tat, wenn der Raum sich nicht mehr als eine geschlossene Form oder eine perspektivische Schachtel darstellt, sondern nur vom Zusammentreffen dreier Geraden oder senkrechter Flächen bestimmt wird, muß der Punkt oder die Linie des Zusammentreffens stets zentral und im Inneren sein; darum ist die Struktur die einzige Form, die man vom Raum aussagen kann, vielmehr ist jede Raumvorstellung schon — *in nuce* — eine Struktur. Dies ist im Grunde nur die Anwendung des Prinzips der Teilbarkeit des Raumes, d. h. der Prozeß, durch den der menschliche Geist in seiner Endlichkeit vom Unendlichen Besitz ergreifen oder es bestimmen kann.

Tatsächlich fallen in die Jahre zwischen 1921 und 1923 die im Bauhaus durchgeführten Forschungen über die Serienherstellung räumlicher Einheiten durch einen fortwirkenden Rhythmus, der vom vorfabrizierten Bauteil bis zum Haus reicht und von diesem bis zum Gemeinwesen, indem es dem Wachstum und der Differenzierung der sozialen Organisation und ihrer Aufgabe folgt. Das Problem der sozialen Architektur stellt sich so unter ganz neuen Aspekten dar. Wenn alles menschliche Tun, das eine Möglichkeit realisiert und von da in dauernder Entwicklung fortschreitet, gleichzeitig eine Darstellung des Inneren und des Äußeren, des Geistes und der Realität ist, so ist alles menschliche Tun raumbildend. Die Architektur als reine Konstruktion wird gleichzeitig zum Mittel und Zweck dieser Entwicklung, die Realisierung des menschlichen Fortschritts zu einer immer klareren Wahrnehmung und Gestaltung der Wirklichkeit zu erreichen.

Dieser städtebauliche Gesichtspunkt, der erst drei Jahre später in der Siedlung Törten bei Dessau voll zur Entwicklung kommen sollte, ist schon in dem Entwurf für die Gemeinschaftssiedlung des Bauhauses von Weimar erkennbar, der seinerseits die erste Skizze zu dem darauf folgenden, in Dessau 1925 verwirklichten Plan für dieselbe Gemeinschaft bildet. Das einzige Gebäude dieses Projekts, das für die Bauhaus-Ausstellung in Weimar ausgeführt worden war, stellt in der Tat eine typische städtische Wohneinheit dar, eine Bauzelle, die geeignet ist, in einem homogenen städtischen Verband wiederholt zu werden. Es handelt sich um einen höchst einfachen Grundriß, der alles Leere und jede überflüssige Gliederung ausschließt und alle Zimmer und Nebenräume rings um einen quadratischen Aufenthaltsraum verteilt, dem im oberen Stockwerk ein Atelier entspricht, das auf seinen vier Seiten von Terrassen umgeben ist. Der Raum wird auf diese Weise, sowohl im Grund- wie im Aufriß, durch eine Abfolge von Quadrierungen oder Projektionen gegliedert; das zweite Stockwerk wiederholt das kubische Schema des ersten auf dieselbe Weise, so daß der ganze Plan das Resultat der Projektionen und der sukzessiven Integration der einzelnen Raumeinheiten bildet.

Es ist danach leicht einzusehen, daß diese gleichsam modulierende Anordnung, die sich durch eine Folge von räumlichen Zwischenwänden entwickelt, dahin strebt, die Einheit der Masse durch eine Aufstellung von Flächen aufzulösen; denn wenn die Masse und das Volumen stets etwas sind, das im Raume steht, ist die Fläche nichts anderes als eine Begrenzung. Der Kubus selbst, der das Schema dieser Konstruktion bildet, bedeutet nur noch eine Wiederholung der Fläche in verschiedenen Richtungen.

Eine besessene Strenge, ein abstrakter Formalismus durchdringen GROPIUS' Stil: saubere Ausarbeitung, vollkommene Flächen, Strukturen, die einer idealen Linierung oder Quadrierung des Raumes dienen. Im Modell eines ‹Hauses am Meer› aus dem Jahre 1924 gehen die drei Dimensionen so ineinander auf, daß sie die Schwere des Kubus aufheben und ihn zum Hintergrund und Horizont einer reinen Aufzeichnung leerer Volumina machen. Es ist leicht zu erkennen, daß die Plastik des Gebäudes hervorgeht aus der Wiederverwendung und Umkehrung desselben graphischen Schemas von der frontalen Fläche bis zum Grundriß, von der Vertikalen zur Horizontalen und umgekehrt, bis zur Wiederholung desselben Prinzips oder derselben zeugenden Form in verschiedenen räumlichen Lagen. Dieses Bestreben, die Form zu entmaterialisieren, sie durch die absolute Äquivalenz von positiven und negativen Werten zu verneinen, sie daran zu hindern, sich als physische Erscheinung in einem physischen Raum darzustellen, verwirklicht sich in der Heraushebung eines Überganges vom Stillstand zur Bewegung, in dem Bruch eines Gleichgewichtssystems, im unbegrenzten Sichverlängern der Hohlräume in Richtung der Vertikalen und Horizontalen: wie stark tritt hier der Kontrast zwischen dem Innenraum des großen Schutzdaches und der Höhlung in dem überragenden Block in Erscheinung. Auch die strenge, sehr genau überlegte Brechung der Flächen zielt auf nichts anderes als eben diese Oberflächen zu zerstören und der Fläche als einer rein geometrischen Größe ihren abstrakten, absoluten Wert der räumlichen Lage wiederzugeben.

Das Gebäude des Bauhauses in Dessau

Die erste Idee für das Gebäude des ‹Bauhauses von Dessau›, des Meisterwerkes von GROPIUS und der ganzen modernen europäischen Architektur, kann man bis in den Plan für eine mit MEYER 1923 entworfene philosophische Akademie zurückverfolgen. (Abb. 6)

Das besondere Thema, das das Projekt sich stellt, ist die wechselseitige Beziehung zwischen der planimetrischen und der Höhenverteilung der Massen: genauer gesagt die Neutralisierung der Masse als plastische oder malerische Tatsache und ihre Konstruktion als Raum durch das im Grundriß festgelegte Prinzip der Teilbarkeit.

Von der formalen Typologie von GROPIUS sind jetzt die schiefen und schrägen Flächen ausgeschlossen, die als Verkörperungen der Bewegung von der abstrakten Bewegung zur Körperhaftigkeit des Beweglichen und der plastischen und malerischen Beweisbarkeit der Massen hinführten. Der Bau gliedert sich durch die Parallelen und die Orthogonalen: auf der festen Grundlage dieser Wechselbeziehung kann eine vollständige Achsendrehung, die sich aus der Allseitigkeit der Ansicht ergibt, die einzelnen Werte vom Positiven ins Negative verwandeln (volle Vorderansicht oder Verkürzung auf Null), indem sie immer eine gleichbleibende Summe ergibt, d. h. eine Totalansicht des konstruktiven Raumes. Die Grundform des L oder des doppelten L oder des Hakenkreuzes wird zum Leitmotiv dieser Architektur, unter der Voraussetzung, daß die imaginäre Drehung eines L-förmigen Körpers um seine Achse, die durch den Schnittpunkt geht, die Beziehung zwischen den beiden Seiten unverändert läßt und dadurch eine vollkommene Kreisförmigkeit der Ansicht ermöglicht. Zu bemerken ist hierbei, daß das L-Schema sich auch in der Aufteilung der Höhenwerte wiederholt; so wird die Kreisförmigkeit der Ansicht zu einer sphärischen, totalen Ansicht. (Darum besteht GROPIUS auf der Forderung, daß die Gebäude auch von oben als vollendete architektonische Formen gesehen werden können, da der Anblick aus der Luft heute bereits mitbestimmend für die sinnlichen Wahrnehmungen des modernen Menschen ist. Dies ist auch eine der Rechtfertigungen für die Ästhetik der Baurisse und der Pläne und folglich auch des ausgesprochen künstlerischen Charakters des Städtebaus.)

Diese ideelle, stets nur als Bruch eines statischen Gleichgewichts oder Beginn einer Bewegung gedachte Rotation ist einem Kräftesystem anvertraut (der ‹inneren und wechselseitigen Spannung der Massen›), das sich aus der räumlichen Lage und der Gesamtheit der Blöcke entwickelt. Bei dem vorausgehenden Projekt (‹Philosophische Akademie Erlangen›) liegt der Angelpunkt der Rotation im zentralen Mittelteil, der eine größere Höhenentwicklung hat; die niedrige und langgestreckte Galerie ist nichts als ein Hebelarm, dessen Ausdehnung im Verhältnis zur Masse des rechten Blocks bemessen ist; das dynamische Gleichgewicht des Ganzen beruht auf der Tatsache, daß der größeren, unmittelbar dem Angelpunkt angegliederten Masse des linken Blocks die größere Ausladung der Blöcke rechts entspricht.

Es steht außer Zweifel, daß diese Untersuchungen sich auf die Analyse der elementaren Mechanik von der Hebelwirkung, der schrägen Ebene usw. gründen. Trotzdem wäre es ein Irrtum, diese Untersuchungen im Sinn des *esprit nouveau* und der *civilisation machiniste* zu deuten, weil die Tatsache der Mechanik nicht als Gestaltungsvorbild übernommen wird wie in den von LE CORBUSIER angestrebten Dampfer- oder Silo-Architekturen und in den maschinistischen Malereien von LÉGER, sondern als ein bestimmendes Gestaltungsprinzip des Raumes und der Form. Diese Untersuchungen spiegeln die Erkenntnis von der Unzulänglichkeit des üblichen, auf die euklidische Geometrie gegründeten Raumbegriffes und die schon von der Einsteinschen Relativitätstheorie bestätigte Notwendigkeit, die Grenzen der Raumvorstellung über die Welt der Begriffe hinaus auf die Welt der

Phänomene auszudehnen, die eben die Welt der Funktionen, der Bewegung, der Möglichkeiten ist. Die Einheit der architektonischen Flächenwerte und der Form hängt gerade von der Unmöglichkeit ab, sich die Konstruktion als eine Summe von unbeweglichen Kräften in einem gleichbleibenden Raum vorzustellen, und von der daraus folgenden Notwendigkeit, ihn als Entwicklung, Projektion und fortlaufende Umwälzung in einem unbegrenzten Raum zu empfinden.

Da der Raum sich nicht mehr aus abstrakten Proportionszahlen ergibt, sondern als Phänomen oder Sinneseindruck, ist der Raum die gestaltende Kraft selbst, in der weitesten Bedeutung dieses Begriffs. Darum müssen wir auch hier wieder die zusammenfallende Einheit mit den didaktischen Erfahrungen über die Genesis der Form feststellen. Der Kontakt mit KLEES Ideen über den Ursprung der Linie aus der Bewegung eines Punktes, der Fläche aus der Bewegung einer Linie, des Volumens aus der Bewegung der Fläche ist evident und ebenso innerhalb eines weiteren Bereiches der Kontakt mit KLEES Ideen über den Ursprung der Form aus der ständig wechselnden Umwandlung aktiver Kräfte in passive und passiver Kräfte in aktive durch einen ‹Vermittlungs-Faktor›, der alsdann der ‹tote Punkt› oder der Ruhepunkt der Mechanik ist. Evident ist auch der Kontakt mit KANDINSKYS Theorie ‹der Spannungen›. Bemerkenswert ist es, wie die eine sowohl wie die andere Theorie zur Aufhebung der Masse als naturalistischer Wirkung und zu ihrer Reduktion auf eine räumliche Funktion beitrugen, was einen neuen Beweis dafür liefert, wie der Begriff der ‹Funktionalität› von GROPIUS sich sehr viel mehr auf ein Prinzip der Gestaltung stützt als auf von außen kommende (und noch naturalistische) Gedanken der Praxis und der konstruktiven Technik.

Dies sind die Voraussetzungen, aus denen heraus das *opus magnum* von GROPIUS, der Sitz des Bauhauses in Dessau entstand. Zu solcher menschlichen Klarheit der Formen, zu solcher deutlichen Sicherheit der Erkenntnis würde GROPIUS wahrscheinlich nie gelangt sein, wäre sein Geist nur darauf gerichtet gewesen, über die Beziehungen zwischen Form und Raum nachzugrübeln; wenn ihn nicht der moralische Impuls seiner Erfahrungen, die sein menschliches Wesen zu beherrschen scheinen, zum erzieherischen Apostelamt getrieben hätte, wenn er nicht seine besten Jahre für die Bemühungen geopfert hätte, einer Generation von Intellektuellen, die das Erlebnis des Krieges anscheinend zu ‹Unordnung und frühem Leid› verdammt hatte, wieder eine Zukunft zu zeigen, wenn es sich schließlich nicht darum gehandelt hätte, einer Gemeinschaft, die er selbst organisiert und dazu angeleitet hatte, auf die Welt einen klärenden und befreienden Einfluß auszuüben, einen Ort, eine Wohnung, eine positive Existenz zu geben. Hier wuchsen Arbeit, Studium und Erholung zu einer Harmonie zusammen, die er selbst berechnet hatte und an der er teilnahm; hier verwirklichte die produktive Zusammenarbeit das Ideal moralischer Solidarität, so wie die künstlerisch schöpferische Arbeit das Ideal der geistigen Freiheit verwirklichte; hier konnte das alte Griechenland in einem neuen Deutschland auferstehen; von hier konnte die Verkündigung einer neuen Gesellschaft ausgehen, in der die Arbeit zur Quelle künstlerischer Freude wurde, zu einer ganz in der Welt wurzelnden Lebensform. (Abb. 7–10)

Die antimonumentale Aufgabe eines Baues, der zugleich Fabrik und Schule ist und dem Ideal einer Arbeit als Erziehung Form geben will, fällt mit der städtebaulichen Aufgabe zusammen. Ich glaube nicht, daß eine präzisere Definiton der Entstehungsgeschichte des modernen Städtebaus existiert als die einer Antimonumentalität aus Prinzip. (Der andere, gegenteilige, *ad absurdum* geführte Beweis wurde durch den anti-städtischen Charakter der monumentalen nazistischen und faschistischen Architektur geführt als Ausdruck eines seine Grenzen überschreitenden tyrannischen Staates, der das soziale Leben zerstört, während der moderne Städtebau als Ausdruck des freien Wirkens und der Vitalität der sozialen Gemeinschaft geboren wurde.)

Das 1925 vollendete Gebäude des Bauhauses will vor allem innerhalb des städtischen Bebauungsplans gewertet werden, in den es sich einfügt und den es betont, indem es eine Straße überbrückt, zu einer anderen die Front bildet, in die beiden Flügel des Gebäudes einen Sportplatz aufnimmt; kurz, es vermeidet, das Getriebe des städtischen Lebens zu unterbrechen, indem es sich mit seinem eigenen Rhythmus einfügt und nach außen die eigenen Glasfronten weit ausbreitet, nicht so sehr, um mehr Licht einzufangen, als um das instinktiv empfundene Bedürfnis des Handwerkers zu befriedigen, von Zeit zu Zeit von der Arbeit aufzusehen, um sich wieder den Blick zu schärfen, der durch die ununterbrochen fortlaufende Beschäftigung getrübt wird.

Die beiden Hauptgebäude enthalten die technischen Lehranstalten und die Werkstätten und sind miteinander durch eine Brücke verbunden, in der die Verwaltungsräume untergebracht sind; ein anderer Flügel mit Speisesaal und Versammlungsraum verbindet die Werkstätten mit dem Atelierhaus und den Wohnungen der Schüler; ringsherum unter den Bäumen des Parks liegen die Wohnhäuser der Lehrer.

Verglichen mit der kurz vorher untersuchten ist die Flächenordnung des Bauhauses von einem gedrängteren Gefüge, das in jeder beliebigen Phase der gedachten Umdrehung den unveränderlichen Wert einer Totalansicht sichert. Es gibt keinen Blickpunkt, von dem aus das Gebäude sich in Verkürzung darstellte und besonderen Wirkungen oder perspektivischen Täuschungen Raum geben könnte.

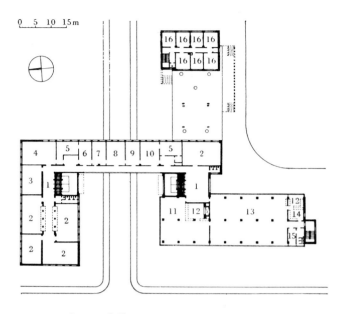

0 5 10 15m

1	Eingangshalle	9	Verwaltung
2	Unterrichtsräume	10	Kasse
3	Lehrerzimmer	11	Vorlehre-Raum
4	Bibliothek	12	Depot
5	Sekretariat	13	Weberei
6	Geschäftszimmer	14	Meisterraum
7	Empfangsraum	15	Umkleideraum
8	Direktor-Zimmer	16	Ateliers

2. Bauhaus Dessau, Grundriß des 1. Stockwerks

Im totalen Raum gibt es nur einen Blickpunkt: ein ‹Darin-Sein›, ein Teilhaben am erzeugenden Rhythmus.

Der Drehpunkt dieses Systems von Hebelarmen fällt zusammen mit dem Treffpunkt der Flügel, doch das Gleichgewicht zwischen diesen in Ausdehnung, Entwicklung, Struktur und Dichte der Masse so verschiedenen Blöcken, die Bestimmung dessen, was wir das ‹Tempo› der ideellen Rotation nennen könnten, wird durch die beharrende Masse hergestellt, die als Gegengewicht und Ausgleich wirkt: das Gebäude der Wohnungen und Ateliers, das straff mit dem Angelpunkt verbunden ist durch den niedrigen Trakt des Eß- und Vortragsraums. Es ist der weniger in die funktionale Dynamik einbezogene Bauteil: der Ort der Sammlung und Ruhe gegenüber dem Leben der Gemeinschaft, der tote Punkt, wo die Bewegung sinkt und wieder ansteigt im Gegensatz zu der gestalteten Mechanik. Er bewahrt in der Tat seine Kompaktheit als rechtwinklige Masse, um zu dem leeren Raum, der sich zwischen die beiden Flügel der technischen Schule und der Werkstätten schiebt, ein Gegengewicht zu bilden. Nur an dem asymmetrischen Umbruch der Wände liest man die merkliche Loslösung von einem Zustand der Ruhe, ein langsames Sinken und Wiederansteigen der Bewegung ab. Es genügt, daß eine dreifache Ordnung von Balkonen, die auf einer Seite den vertikalen Außenachsen der Fenster aufgepfropft ist, auf der anderen Seite die Ecke überschreitet, um so gleichsam als Scharnier zwischen den beiden senkrechten Wänden zu dienen, damit man der Achsendrehung gewahr werde, die der strenge Flügel des Speisesaals auf die anderen Baukörper überträgt. Daß sodann diese in Ruhe befindliche Masse nicht in einem generellen Raum beharrt, sondern ihrerseits sich in die innere Mechanik des konstruktiven Raumes zerlegt, wird auch durch die Beschaffenheit der Oberfläche bewiesen; die Ostwand spiegelt mit ihren großen Fenstern den Raum der gegenüberliegenden Glaswand wieder; auf der entgegengesetzten Seite bezieht der Vorstoß der ausgreifenden kleinen Balkone den offenen Raum in das plastische Spiel der durch einen schnellen Wechsel von Masse und Hohlräumen skandierten Fläche ein. Das Ganze ist gedacht als eine langsame Verschiebung von Volumen und Flächen, die durch ihre plastische Beschaffenheit die Kräfte der Bewegung erschöpfen, die sie selbst hervorbringen.

Doch es genügt nicht, die Notwendigkeit und Präzision all der Kraftmomente des vollkommenen baulichen Gefüges festzustellen; denn hier ist die Kraft nie eine in formalen Beziehungen verborgene oder aufgelöste tatsächliche Potenz, sondern sie ist die Kraft der Form, der Grad ihrer räumlichen Funktion. Es ist die Form, die als solche eine Kraft ausübt, einen Bewegungsgedanken in einen tatsächlichen Impuls verwandelt, im Bewußtsein einen den Raum zeugenden oder konstruierenden Rhythmus erweckt und fordert. Ein Beispiel: der Trakt mit dem Eß- und Hörsaal und die Überführung, die die Straße überkreuzt, sind tatsächlich die beiden Hebelarme der Bewegung; sie entspringen am Drehpunkt des Systems, doch sie entwickeln sich im rechten Winkel zueinander und auf verschiedenen Ebenen. Sie bilden einen klaren Gegensatz von gleicherweise genau bestimmten vollen und leeren Volumen, doch dieser Gegensatz spielt nicht mehr auf derselben Ebene, wenn auch auf normalen Ebenen; dadurch wird das, was traditionsgemäß komplementär war, zu einem reinen Widerspiel oder einer Umkehrung von Kräften. Im Eßtrakt haben wir in der Tat eine Folge voller und leerer Elemente in vertikaler Skandierung; in der Brücke haben wir durchlaufende horizontale Bänder und Masse und Leere. Der Übergang von der einen räumlichen Lage zur anderen wird also ausschließlich durch Elemente der Bewegung, nämlich Frequenz und Richtung, vollzogen. Die strenge Funktionalität der Strukturen, das Fehlen nicht nur jeglichen dekorativen Elementes, sondern auch jeder formalen Gefälligkeit oder Verspieltheit ist folglich von der Notwendigkeit bestimmt, den konstruktiven Elementen keine formale Eigenschaft zuzuweisen, die sie nicht ausschließlich von Frequenz und Richtung, d. h. von der Bewegung empfangen.

Die Materie selbst wird auf diese Weise vor eine Entscheidung gestellt, inwieweit sie eine Eigenschaft oder eine dauernde Bestimmung der Form darstellen könne: Flächen aus weißem Mauerwerk und Glasflächen wechseln miteinander in knapper Dialektik ab, die den Glasscheiben jede Tiefeneigenschaft und den Wänden jede Oberflächensubstanz nimmt, den Kontrast des Leeren und Vollen aufhebt und den Raum bestimmt durch die geistige Konstruktion oder durch die Form, die aus dem Sichlösen von jener naturalistischen Antithese hervorgeht. Wie in der modernen Wissenschaft der Eigenwert der einzelnen Materien negiert wird, die nichts anderes sind als das Resultat des verschiedenen Bewegungsrhythmus oder der verschiedenen Schwingungsfrequenz undifferenzierter Teilchen, so wird in der Architektur und in der Kunst im allgemeinen alle formale Typologie hinfällig, und alles wird auf die unbegrenzte Beweglichkeit der einfachsten formalen Einheit zurückgeführt.

Das Prinzip der Bewegung, das als raum- und formbestimmend angenommen wird und das im wesentlichen mit dem Prinzip der Raum-Zeit zusammenfällt, ist offenbar nicht in Raum und Zeit der Wahrnehmung lokalisierbar, in seiner Kontinuität ist dieser Raum gleichzeitig verwirklichend und darum auf eine dialektische Funktion rückführbar, auf den geistigen Prozeß der Überwindung oder Aufhebung des statischen Raums und der geschichtlichen Zeit. Auch hier offenbart sich der didaktische Charakter dieses Baues, der nur durch einen konstruktiven klärenden Prozeß des Geistes verstanden und nacherlebt werden kann, ja als eine Mechanik des bewußten oder rationalen Lebens aufzufassen ist.

Die vier Häuser für den Direktor und die Lehrer des Bauhauses bilden GROPIUS' erste praktische Erfahrung auf städtebaulichem Gebiet und den ersten Schritt zu den nächsten Untersuchungen von Typen-Wohnhäusern. Sie stehen in der Nähe der Schule im Grünen. Grundrisse, Querschnitte, Aufrisse entstehen nach demselben in alle Richtungen übertragenen und entwickelten Verteilungs- und Gestaltungsprinzip. Der Raum wird unterteilt und dosiert, weniger nach sachlichen Gesichtspunkten der Nützlichkeit als nach der Kapazität der mit den Lebensäußerungen verflochtenen räumlichen Bestimmung.

Das betonte Vorspringen und tiefe Zurückweichen der Geschosse, das ungleiche Niveau der Dächer, die scharfen Einschnitte der Wände und Fenster, durch die Kleinheit der Baublöcke noch deutlicher gemacht, genügen nicht, dieser Architektur eine rein plastische Rechtfertigung zu geben, wie sie in gewissen gleichzeitigen formalen Versuchen VAN DOESBURGS zu finden ist.

Das Gleichgewicht von massiven Körpern und Hohlräumen ist darauf berechnet, ideell die Anlage der Fläche als geometrische Einheit, als formalen Ort zwischen zwei unbegrenzten räumlichen Erstreckungen wiederherzustellen. Auf die innere Struktur übertragen sind alle tragenden Funktionen, Mauern und Fenster nicht mehr trennende Scheidewände, sondern Berührungsflächen, die den unendlichen Raum der Wirklichkeit in der Klarheit des baulichen Planes binden und lösen. Man kann hier nicht mehr von Durchlässigkeit, von freier räumlicher Zirkulation sprechen: Wer von außen den Bau betrachtet, wird in den Atemzügen der hervorspringenden oder zurückweichenden Flächen ebensoviel Tiefenstaffelung finden, wie sie dem gleichen landschaftlichen Raum den Sinn oder die Brauchbarkeit des Innern mitteilen und wie das Innere die Ausdehnung, die Weite eines Horizontes, die helle und atmosphärische Fülle des freien Raumes gewinnt. Zwischen Architektur und Landschaft existiert keine Beziehung mehr, sondern das Gegenteil von Beziehung: die absolute Kontinuität oder nahtlose Angrenzung. Und doch ist der Bau auch wieder aus reinen kühlen Oberflächen, spiegelnden Glasscheiben zusammengewoben, ohne daß die Landschaft auch nur im geringsten zum einleuchtenden Vorwand für einen rauheren Verputz, eine abgestumpfte Ecke, ein Gesims wird, das den klaren Einschnitt des Hohlraums in die Masse modulieren soll. Das hat seinen Grund darin, daß das Gebäude keine Beziehung mehr zum natürlichen Raum sucht, sich ihm weder unterwirft noch ihn beherrschen will, sondern ihn ersetzt, wie im Geist der Gedanke die empirische Wahrnehmung ersetzt, ohne sie zu bestreiten, sondern indem er alles, was in ihr lebendige Empfindung, unmittelbarer Appell, Lebenskraft ist, auf eine höhere Ebene überträgt. Der Bau ist freier und ununterbrochener Raum, wie man sich einst den ununterbrochenen Raum der freien Natur dachte. In dem vollkommenen Zustand der Kultur, der sich in dem Haus realisiert, in seiner Ganzheit wie in den kleinsten Einzelheiten seiner Einrichtung und seines Hausrats, erreicht der soziale Mensch jenen vollkommenen Zustand der Freiheit und Lebensfülle, den man für den natürlichen Menschen in der Natur als gegeben hielt: seine größere Bewußtheit, seine größere innere Klarheit müssen ihm auch eine reinere Wahrnehmung und eine größere Bereitschaft geben, sich der realen Dinge zu erfreuen. Die Natur hat keine Mythen mehr, sie verkündet keine geheimnisvollen Botschaften mehr, noch hütet sie eifersüchtig die erhabenen Gesetze des Raumes. Sie besteht nur noch aus Dingen: aus Bäumen, die Schatten spenden und die Luft reinigen, aus Wiesen, die den Augen wohltun und den Kindern als Spielplatz dienen, aus Himmeln, die uns leuchten. Eine freiere Beziehung waltet zwischen den Menschen und den Dingen; der Mensch ist nicht mehr Herr noch Sklave der Natur, seine Stellung in der Zivilisation, seine Lebensordnung sind heute sicher genug, um die Dinge in ihrer phänomenalen Wirklichkeit annehmen zu können. Seine Haltung gegenüber der ihres Geheimnisses entblößten Natur ist die praktische Einstellung des sie Gebrauchens. Licht, Luft, Bäume, Gewässer stellen ebenso viele Materialien und Werkzeuge seines unermüdlichen Formens oder Bauens dar. Wahrscheinlich hat diese neue vorurteilslose Unmittelbarkeit des Kontaktes mit der Wirklichkeit dazu beigetragen, den mythologischen Schleier zu zerreißen, in den sich noch die Architektur von Wright hüllte, und dem alten Pionier den viel positiveren menschlicheren Horizont zu öffnen, dessen poetischer Ausdruck das ‹Haus am Wasserfall› ist: ohne Zweifel der europäischste unter seinen Bauten. Für Gropius bedeutet dieser klarere und umfassendere Gedanke des In-der-Welt-Seins den entscheidenden Anstoß zur Wahl des städtebaulichen Berufes.

Der erste Teil der Kleinhäuser für die Vorstadtsiedlung Törten — Dessau war im September 1926 vollendet; 1928 waren dreihundertsechzehn Wohneinheiten erbaut. Ein großer Teil der Inneneinrichtung wurde von den Werkstätten des Bauhauses geliefert: im Verlauf weniger Jahre hatte die Schule sich in den Produktionsprozeß eingeschaltet und nahm unmittelbar an der Entwicklung der Gemeinschaft teil. (Textabb. 3)

Gropius' Projekt wurde auf der Grundlage der Bauhaus-Lehre durchgeführt; es stellt eine gegliederte Folge von Einzel-Raumkörpern dar, die zum Teil strahlenkranzförmig, zum Teil in drei Reihen konzentrischer Bögen sich um das kooperative Kaufhaus verteilen. Kein vorher festgelegter geometrischer Plan beherrscht die lockere Anordnung der Einzelhäuser: sie bestehen aus vier Typen, die sich auf das Familienprinzip als den Kern und die Grundlage der Gesellschaft stützen.

Im Jahr 1928 verläßt Gropius das Bauhaus und wird in Berlin wieder freiberuflich tätig. Sein Programm erzieherischer Arbeit konnte sich nicht mehr in den Grenzen einer Schule halten. Der Städtebau ist gestaltende Pädagogik, die in der Totalität der sozialen Sphäre ausgeübt werden will.

Sie bezeichnet die Grundlinien, auf denen sich die kooperativen Kräfte der Gesellschaft bewegen und organisieren. Da Kooperation vor allem Beseitigung von Gegensätzen ist, besteht die Aufgabe des Städtebaus im wesentlichen in der Beseitigung der Gegensätze. Einer

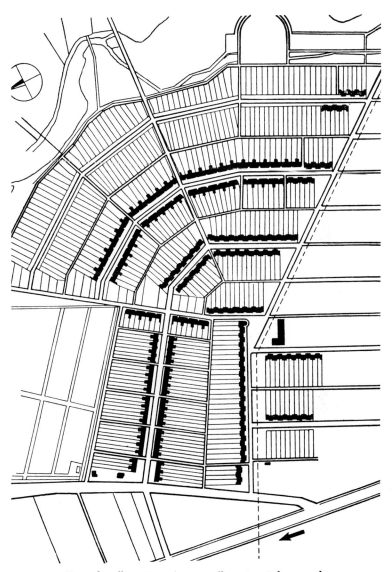

3. Vorstadtsiedlung Törten/Dessau, allgemeiner Bebauungsplan

der größten Gegensätze ist der, den die kapitalistische Industrie zwischen der Organisation der kollektiven Arbeit und der Autonomie des Individuums und der Familie aufgetan hat. Der Städtebau ist aus diesem Gegensatz geboren, er strebt danach, die Lebensbedingungen der sie bedrohenden Produktionssteigerung anzupassen, den Wert des Individuums in einem notwendigerweise kollektivistischen Gesellschaftsbau zu bewahren: er ist die Idee der Freiheit, deren Geschichte seit OWEN bis FOURIER und ENGELS sich mit der Geschichte des Sozialismus und des erwachenden Rechtsbewußtseins der Masse verbindet. Die Massenwirtschaft neigt in verhängnisvoller Weise dazu, das Leben in eine Massenexistenz zu verwandeln. Auf städtebauliches Gebiet übertragen, stellt sich dieser Gegensatz als ein Problem des Verhältnisses zwischen der Produktionswirtschaft und der Wohnungswirtschaft dar. Der Ernst und die Dringlichkeit des Problems werden durch die schwindelerregende Ausbreitung der ungesunden Stadtviertel, der *Slums* der Arbeiterklassen in den großen Industriestädten, durch die Verstopfung des Verkehrs, durch die wachsende Unterdrückung des ‹menschlichen Maßstabs› gezeigt. Städtebaulich gesehen ist das Problem auch ein Problem der räumlichen Einteilung: es handelt sich darum, Arbeitsstätte und Wohnstätte zu einer einzigen Raumgröße aufeinander abzustimmen, damit die industrielle Arbeit eine fortschrittliche Funktion sein kann und nicht ein die Gesellschaft zerstörender Prozeß.

Die Zuspitzung der sozialen Interessen verstärkt das strenge Formprinzip, das alle bauliche Tätigkeit von GROPIUS beherrscht. Wenn die Form als der vollkommene Ausdruck des bewußten Lebens vor allem Teilung und Verteilung von Raum ist, muß die Lösung dieses Problems auch eine formale Lösung sein. Typisch formal ist denn auch die Haltung von GROPIUS gegenüber der Zentralfrage der zeitgenössischen Städtebauer: hohe Häuser oder niedrige Häuser. Abstrakt oder prinzipiell ausgedrückt ist diese Frage auch eine Frage der Komposition, die den Raum als fest und unveränderbar voraussetzt. Wenn die städtebauliche Auffassung des Raums sich in dem Akt seiner Verteilung oder Konstruktion selbst ausdrückt, d. h. im Verhältnis des Zeitfaktors, so kann es kein abstraktes Problem von niedrigen, mittleren und höhen Häusern geben. In einem Projekt für den Wettbewerb einer Forschungssiedlung (Spandau-Haselhorst bei Berlin) im Jahre 1929 verbindet GROPIUS auf einem Areal von 45 000 qm organisch verschiedene Haustypen, die von der kleinsten Einheit mit einem Geschoß bis zum Block mit zwölf Geschossen gehen.

Die Haltung, die GROPIUS mit seinem Referat auf dem Städtebau-Kongreß in Brüssel 1930 einnimmt, ist keine Kompromißhaltung. Er erkennt, daß die beiden Wohnungsgrundformen (Häuser für einzelne Familien und Gemeinschaftshäuser) dem Gegensatz zwischen Land und Stadt entsprechen; die gegenwärtige industrielle Struktur der Gesellschaft verschärft im Bewußtsein der einzelnen diesen Gegensatz; man versucht «die städtischen Errungenschaften aufs Land hinauszubringen und die Reize der Natur zurück in die Städte». Der Kampf um die Wohnform ist also in seinem Kern psychologischen Ursprungs. Doch die unglücklichen hygienischen und sozialen Folgen der Kollektivwohnung hängen nur mit der Tatsache zusammen, daß eine ungenügende politische und administrative Struktur die Arbeiterquartiere den Händen der Spekulation überließ. Die Kollektivhäuser können in ihrer Anlage ebenso gute Bedingungen für Licht und Luft verwirklichen wie die Einfamilienhäuser. Der Kompromiß des kleinen Hauses mit Garten wird ein Problem nicht lösen können, in dem sich der Gegensatz zwischen romantischem Naturgefühl und der modernen Forderung nach einer vollkommenen Rationalisierung des Lebens spiegelt.

Da die hohen Bauten die Entfernungen verkleinern und dem städtischen Raum ein besseres Verhältnis zwischen Ausdehnung und Höhe sichern, passen sie sich in vollendeter Weise der vereinfachten Struktur der modernen Gesellschaft an, die der Gemeinschaft viele erzieherische und wirtschaftliche Funktionen zuweist, die einst von der Familie erfüllt wurden. Das schließt nicht aus, daß die Wohnviertel mit niedrigen Häusern noch eine Existenzberechtigung im Gesamtkomplex des städtischen Gefüges haben und den Bedürfnissen einiger Schichten der über eine gewisse wirtschaftliche Unabhängigkeit verfügenden Mittelklasse entsprechen; trotzdem stellen die hohen Häuser, vorausgesetzt, daß sie nicht übermäßig dicht stehen oder die Einheit des Stadtbildes zerreißen, «die echte biologische Form der heutigen Wohnung dar». In ihnen drückt sich in höchstem Grade «der Wandel im Empfinden der physischen Natur aus, der durch Kultur und Gesellschaft hervorgebracht worden ist».

Die großen, 1929 und 1930 erbauten Siedlungen Dammerstock bei Karlsruhe und Siemensstadt bei Berlin gründen sich dagegen auf das Binom Gesellschaft-Natur. Das Naturerlebnis und -empfinden ist eine individuelle Regung; die auf die funktionellen Forderungen einer Gesellschaft bezogenen naturalistischen Faktoren werden schematisiert; wie der Raum nicht mehr als landschaftlicher Hintergrund, sondern nur noch als Baugebiet gewertet wird, so wird auch die Natur nur noch nach den Begriffen des Lichts, der Luft, des Grüns bewertet, d. h. in Beziehung auf die Notwendigkeit und Nützlichkeit für das menschliche Leben. Da es die Form ist, die den Raum bestimmt, ist es die Form oder Konstruktion, die die zum Leben notwendige Menge an Licht, Luft und Grünflächen bestimmt und die die allgemeinen Gegebenheiten der Natur in spezifische, lebensnotwendige

Faktoren verwandelt; der Raum selbst ist nur die Summe dieser Faktoren, d. h. die Dimensionierung der Natur in bezug auf das menschliche Leben. Folglich ist es die Architektur, die mit der ihr eigenen Struktur aus der Natur schöpft und der Existenz solche lebensnotwendigen Faktoren mitteilt; diese ordnende Funktion des Baues ist es auch, durch die die Menschen bewußt in der Wirklichkeit leben, d. h. den Raum aufnehmen und besitzen.

Der Werdegang des Bauwerks als Prozeß der räumlichen Einteilung und Verteilung beginnt mit der Parzellierung des Geländes und der Bestimmung der Maßverhältnisse zwischen Baumasse und freien Zwischenräumen, damit alle Wohneinheiten die gleichen Bedingungen der Durchlüftung, der Sonneneinstrahlung und der Aussicht erfüllen; und diese scheinbar nur mathematische Berechnung stimmt genau mit dem bemessenen Gleichgewicht der vollen und leeren Volumen überein (wobei voll und leer nur veränderte Attribute des Volumens als reine graphische Zeichnung sind), das eines der fundamentalen Motive der formalen Thematik von GROPIUS darstellt.

Da alle Wohneinheiten gleichen Forderungen nach Luft, Licht und Aussicht folgen, ist es notwendig, daß sie sich in dieselbe Front einreihen; das Gebäude gewinnt an Höhe und Frontlänge, was es an Tiefe verliert; den Wohnblock löst die Wohnetage ab, die schachbrettartige Anordnung, die Reihenanordnung. An der Front, die nach dem Wechsel von vorspringenden und zurückweichenden Bauteilen der geometrischen Ordnung der Fläche wiedergewonnen wird, nehmen alle Räume oder Hohlteile der Wohnung notwendigerweise dieselbe konstruktive und räumliche Bestimmtheit an; die Struktur vereinfacht sich zu genau bemessenen Schnittflächen; die traditionelle Unterscheidung von Herrschafts- und Bedienstetenräumen ist beseitigt; Höfe und Vorplätze verschwinden; nur die inneren Strukturen erfüllen die tragende Funktion, die ihrerseits dahin strebt, sich immer mehr auf die Verwendung von leichten Materialien zu beschränken. Die Außenwände entleeren sich, sie sind nur noch die materiellen Berührungsflächen, mittels derer das Gebäude sich frei in den offenen Raum hineinwebt. Diese luftigen Strukturen aus Stahl und Glas sind nur noch eine ideale Perspektive, gleichsam ein Koordinatensystem für die ‹geistige› Existenz der Menschen. Das geplante ‹Hochhaus› aus Glas und Stahl ist nur eine durchsichtige Fläche oder Scheidewand, an der sich die beiden gegensätzlichen Teile des Raumes durchdringen und sich in den Wohnräumen, in den scharf geschnittenen Lamellen der Balkons kristallisieren: Gewebe oder geometrische Zutat eines vergeistigten, auf das *Minimum* einer Formel und auf die abstrakte Präzision einer mathematischen Funktion zurückgeführten Lebens.

Die ländlichen Elemente, Bäume und Beete, werden zwischen die

78

Häuserreihen eingefügt; man plant, Gärten auf den flachen Dächern der Häuser anzulegen; die Natur, die man einst als Hintergrund oder Horizont des Lebens sich dachte, ist nun in die Konstruktion mit einbezogen, ein dazugehöriges Element geworden. Die Rationalität des Hauses wird den Menschen nicht von der Wirklichkeit trennen und ihn in die Mechanik einer ‹Wohnmaschine› zwingen; vielmehr, in dieser Rationalität, die die Rationalität des Geistes selbst ist, schenkt sich uns die Wirklichkeit mit einer neuen Unmittelbarkeit von Sinneseindrücken, und jeder von diesen wird um so viel klarer und erregender sein, als er sich präzis bestimmten Räumen und Zeiten einfügt.

Ein anderer Beweis für das Bedürfnis, den äußeren Raum in den Bau einzubeziehen und diesen durch ihn zu integrieren, ist die Beziehung, die zwischen Wohnung und sozialem Leben hergestellt wird: Dienstleistungszentren, Gesellschaftsräume und Unterhaltungsstätten werden in das Haus als Sitz einer Gemeinschaft verlegt, Funktionen, die früher innerhalb der Familie sich abwickelten oder öffentlichen Unterhaltungslokalen anvertraut waren. Dies wird auch eine Verringerung des Straßenverkehrs zur Folge haben: was wiederum den Stadtplan vereinfachen und den Verkehr beschleunigen wird. Die senkrechte Stellung der Häuserreihen, die wie die Zähne eines Kammes zu den Verkehrsstraßen stehen, scheidet nicht nur den Raum des Verkehrs von dem der Wohnungen, sondern erlaubt auch einen geordneteren Ablauf des Verkehrs. Der Bau selbst absorbiert einen Teil des Verkehrs und verteilt ihn (Außenkorridore zur Entlastung der Wohnungen); dies ist ein weiteres Mittel, um jede Trennung zwischen Außen- und Innenraum zu beseitigen und so dem Gebäude ein Bewegungselement mitzuteilen. In diesem als absoluter und unbegrenzter Wohnwert gedachten Bau findet das schon erwähnte Prinzip des ‹Existenzminimums› seine nicht nur wirtschaftliche, sondern auch bauliche Rechtfertigung: jeder Raumteil, der nicht tatsächlich ‹bewohnt›, einer ganz bestimmten menschlichen Tätigkeit angepaßt wäre, würde nur das Raumgefühl und die Klarheit der Sinneseindrücke trüben: was soviel hieße, als im Bewußtsein wieder ungeformte Elemente oder solche eines empirischen Naturalismus zuzulassen, tote Punkte innerhalb der vitalen Funktion zu erzeugen, Anwandlungen sentimentaler Passivität anzuerkennen, der konventionellen Poetisierung des heimischen Herdes gegenüber nachzugeben, in das Bewußtsein des sozialen Menschen wieder individualistische Standpunkte oder die Vorstellung von Privilegien einzulassen. Das Existenzminimum, das im wörtlichen Sinne als eine Sicherheitsmaßregel der kapitalistischen Gesellschaft aufgefaßt werden könnte, um mit dem geringsten Aufwand dem Problem der Volkswohnung zu begegnen, ist dagegen in der Vorstellung von GROPIUS die grundlegende moralische Basis für eine kollektivistische Gesellschaft.

Gleichzeitig mit den Wohnungsentwürfen entwickelt GROPIUS eine Reihe von Untersuchungen und Projekten, die man als Ergänzungen zu seiner städtebaulichen Konzeption ansehen kann, da sie jene Funktionen zum Gegenstand haben, die die moderne Gesellschaft unmittelbar der Gemeinschaft überträgt: das gilt für die Arbeitsverteilung und die Erziehung.

Die Verteilung der Arbeitskräfte ist eine der wichtigsten organisatorischen Aufgaben der modernen Gesellschaft; in ihr gewinnt das Amt der Arbeitsvermittlung dieselbe Bedeutung, die in der Gesellschaft mit hierarchischer Struktur den Zentren zugewiesen war, die die politische, administrative und religiöse Autorität repräsentierten. Hier ist es, wo die Lücken zwischen Arbeitsnachfrage und -angebot geschlossen werden, die die Großindustrie unweigerlich hervorbringt, hier ist es, wo die ständige Zirkulation der Arbeitskräfte gesichert und die tragischen Stauungen der Arbeitslosigkeit vermieden werden. Mit dem Gebäude des Arbeitsamtes in Dessau (1928—1929) beabsichtigt GROPIUS den ‹Mustertyp› eines öffentlichen Amtes der Gemeindeverwaltung zu schaffen.

Das Bewegungsprinzip des Baues wird in dem ‹Kreislauf› gesehen, den die Besucher in seinem Innern zurücklegen, d. h. in der Funktion des Einbringens und der Entwirrung des Parteienverkehrs, die das Gebäude erfüllt. Es ergibt sich aus zwei rechtwinkligen Flügeln, die einem mächtigen Halbkreis mit mehreren Eingängen angegliedert sind. Ihre städtebauliche Aufgabe ist leicht erkennbar: es ist die Konzentrierung der Massen, die Drehung um die Achse, die in dem Widerstand der beiden rechteckigen Arme endigt, gleichsam um sich der angesammelten Zentrifugalkraft zu entledigen; sie spiegeln die Absicht wider, aus dem Gebäude einen zentralen Kernpunkt der Sammlung und Ausstrahlung in das städtische Gefüge zu machen: gleichsam ein Zahnrad, das die Gleichmäßigkeit der Bewegung des sozialen Lebens regelt. Es ist im Grunde dieselbe gliedernde Funktion, die in der Vorstadt-Siedlung von Törten dem L-förmigen Grundriß des kooperativen Kaufhauses im Zentrum der aufgereihten Wohnhäuser anvertraut war. Wir haben es also mit einem Bewegungselement zu tun, das innerhalb des städtischen Gefüges eine soziale Funktion übermittelt und erfüllt. Dieser Charakter des Kern- oder Angelpunktes spiegelt sich auch in der äußeren Gestaltung wider: im Gewicht der verdichteten Massen, im Wiedererscheinen von betonten Gesimsen, die die Anspielung auf die Bewegung verstärken, in dem Material selbst, dem Ziegelsteinbau, der den Oberflächen die Festigkeit und Schwere einer Masse verleiht.

Eine andere Zelle schöpferischer oder antreibender Energien im

1 Gropius und die Bauhaus-Meister in Dessau, 1926. (Abdruckgenehmigung durch Cosmospress, Genf)

2 Faguswerk, Schuhleistenfabrik
Alfeld a. d. Leine
(zus. mit A. Meyer), 1910/1911

3 Modellfabrik, Werkbund-Ausstellung
(zus. mit A. Meyer), Köln 1911

4 Haus Sommerfeld in Berlin, 1921

5 Entwurf für die ‚Chicago Tribune', 1921

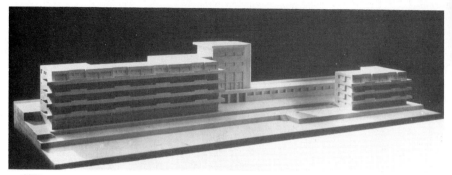

6 Entwurf für die Philosophische Akademie in Erlangen, 1923

7 Bauhaus in Dessau, Ansicht NO. Foto:Lucia Moholy   8 Bauhaus Dessau, Luftaufnahme

9 Bauhaus in Dessau, Werkstätten und Zwischenbau. Foto: Lucia Moholy

10 Bauhaus in Dessau, Wohnhaus des Direktors. Foto: Lucia Moholy

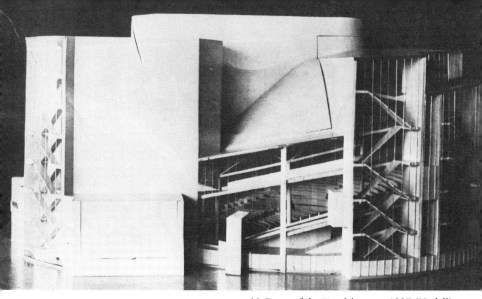

11 Entwurf des Totaltheaters, 1927 (Modell)

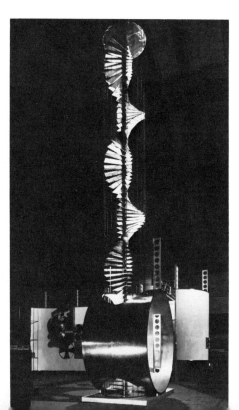

12 Ausstellung ‚Nichteisenmetalle'
(zus. mit J. Schmidt), Berlin 1934

13 Volksschule in Impington
    (zus. mit M. Frey), 1936

14 Haus Gropius in Lincoln, Mass.
    (zus. mit M. Breuer), 1938

15 Haus Frank in Pittsburg, Penns. (zus. mit M. Breuer), 1940

16 Harvard Center (‚TAC‘), 1950

17 Boston Center (‚TAC‘), 1953

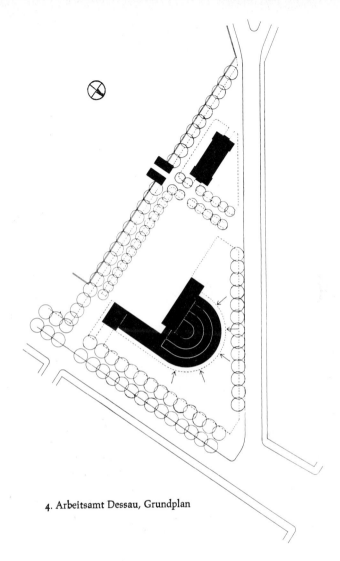

4. Arbeitsamt Dessau, Grundplan

städtischen Gefüge ist die Schule: In diesem Falle die technische oder Berufsschule, die erste Stufe der produktiven Aktivität. Schon das Bauhaus entstand aus der Synthese von Wohnhaus + Schule + Werkstätte; dem Projekt der Maschinenbauschule in Hagen (1929) liegt die Absicht zugrunde, den Typ eines öffentlichen Baues zu schaffen, der die Synthese von Schule und Fabrik verkörpert.

Ein Blick genügt, um zu bemerken, daß der Rhythmus nicht mehr die Geschlossenheit, den vollkommenen Kreislauf des Bauhauses hat, daß die Bewegungsenergie nicht mit solcher Genauigkeit von der Ausdehnung und konstruktiven Dichtigkeit der Massen absorbiert und aufgelöst wird; daß die konstruktive Bewegung dahin neigt, sich dem umgebenden Raum mitzuteilen. Das Grundriß-Schema beschränkt sich auf die rechtwinklige Verbindung von zwei großen Flügeln, die fest im Raum gelagert sind. Der hintere Flügel gleicht durch seine Höhe die größere Ausdehnung des vorderen Flügels aus. Auf die feinfühlige Verbindung der Ebenen des Bauhauses folgt die feste Ineinanderfügung, gleichsam Verkeilung der Massen ineinander; und was von ihnen über die Verbindungsstelle hinausgeht und absichtlich den rhythmischen Fluß durchbricht, scheint eine Zugkraft zu entwickeln und teilt der geistigen Bewegung des Ganzen eine fast physische Deutlichkeit mit, eine Art zentrifugalen Antriebs. Hier erscheint auch zum erstenmal ein Element nicht nur zeichnerischen Gestaltens, sondern einer vorgetäuschten Bewegung: der auf der äußersten Linken der Front eingekeilte, im Kreisausschnitt verglaste Bauteil scheint in der Verkürzung seiner Wände ein größeres Potential von räumlicher Energie zu konzentrieren und so zum Angelpunkt der exzentrischen kreisförmigen Umdrehung des Ganzen zu werden.

Es ist bezeichnend, daß sich dieselben Charakterzüge der Bildung von städtischen Zentren in den Projekten der in diesen Jahren entworfenen Auditorien und Theater wiederfinden, weil das Theater in dieser idealen *polis* ein Zentrum der kollektiven Erziehung bildet und dazu beiträgt, den Widerspruch zwischen Massenarbeit und individueller Existenz aufzulösen. Indem es die durch die mechanische Arbeit verbrauchte Sensibilität wieder ergänzt, befähigt es dieselbe wieder in dieser Arbeit selbst, in ihrem Ablauf und Rhythmus den vollen Anschluß an die Wirklichkeit und die Befriedigung der vitalen Instinkte zu finden. Das Theater wird nicht mehr moralischer Belehrung dienen oder eine Schule der Empfindsamkeit sein, sondern eine integrale Erziehung der Sensibilität, die darauf gerichtet ist, zugleich mit der Fähigkeit des Wahrnehmens die natürliche Befähigung zu einer schnellen Organisation und Konstruktion des Raumes zu entwickeln.

Das ‹Totale Theater›, das in dem Entwurf von 1927 für PISCATOR verwirklicht ist, gründet sich auf diese sozialen Voraussetzungen. Das Ausdrucksbedürfnis, aus dem Tragödie und Drama geboren wurden, ‹enthielt in sich die Notwendigkeit einer räumlichen Begrenzung der Handlung d. h. eines Theaters›. Von der kreisförmigen Bühne, die ‹aus der agonistischen Arena geboren wurde, in der sich die Rezitation gleichzeitig auf der ganzen kreisförmigen Front entwikkelte und der Schauspieler das Sprachrohr einer ihn rings konzentrisch umgebenden Zuschauermasse ist›, kommt man zur halbkreisförmigen Bühne, ‹mit dem wie eine Erdzunge in den gleichfalls halbkreisförmigen Zuschauerraum vorstoßenden Proscenium›, und von diesem zum Hoftheater des 18. Jahrhunderts, in dem die Bühne von den Zuschauern getrennt ist, die, ‹von außen und wie durch ein großes Fenster einem Drama beiwohnen, das sich neben ihnen entwickelt›; diese Unterscheidung von Bühne und Zuschauerraum spiegelte auch die Klassenunterschiede wider, sie beweist, wie jenes Theater eine typische Funktion einer Gesellschaft von hierarchischer Struktur war.

Das ‹Totale Theater› strebt statt dessen danach, Bühne und Zuschauerraum zu vereinigen, indem es die Handlung auf die Zuschauer ausdehnt und den ganzen Theaterraum mittels Beleuchtung und Projektionen, die ‹nach allen Richtungen den Raum des Theaters in die Bühne miteinbeziehen›, szenisch gestaltet. Das Projekt des ‹Totalen Theaters› vereinigt in sich die drei historischen Bühnenformen: es ist von elliptischer Form wie ein ungeheures, der Länge nach halbiertes Ei, an dessen Spitze sich die dreiteilige, bewegliche und nach allen Richtungen drehbare Bühne befindet, deren Seiten in den Zuschauerraum zangenartig vorstoßen können. Dieser hat die Form eines Amphitheaters ohne Logen und umschließt ein heb- und versenkbares Proszenium. Das Proszenium und die vorderen Reihen des Zuschauerraumes können um 180 Grad gedreht werden, wodurch das erstere sich in eine Arena und die Sitzreihen sich in eine Seite des Amphitheaters verwandeln. (Abb. 11)

Die äußere Struktur des ‹Totalen Theaters› ist fest verklammert mit dem Bewegungssystem der inneren Funktion. Die beiden großen Blöcke, die der Bühne und dem Zuschauerraum entsprechen, sind mit einem zentralen ‹Drehpunkt› verbunden. Da der ‹Drehpunkt› elliptisch ist, legt er die Blöcke auf zwei parallele Achsen fest. Die Einfügung transversaler Ebenen, die in diesen Achsen zusammenlaufen, bestimmt die ideale Umdrehung der beiden Hauptblöcke in entgegengesetzten Richtungen wie die Mahlsteine einer Mühle. Darum wird der Gebäudekomplex als ein doppeltes und gegenläufiges Kreisen von Ebenen empfunden, die in gleichmäßigem Gang sich vereinigen und sich eine aus der anderen wieder entwickeln. Von jedem Blickpunkt aus entspricht einer Entfaltung eine Zusammenziehung von Raum, einer Erweiterung von konvexen Oberflächen ein brüskes Einziehen von konkaven Oberflächen. Die schrägen Treppenlinien, die sich durch die Glaswände abzeichnen, und die fortschreitende Abstufung der Massen nach oben entwickeln diesen kreisenden Rhythmus nach allen Richtungen hin. Das Gebäude scheint sich zu öffnen und über sich selbst zu schließen wie eine ungeheure Ma-

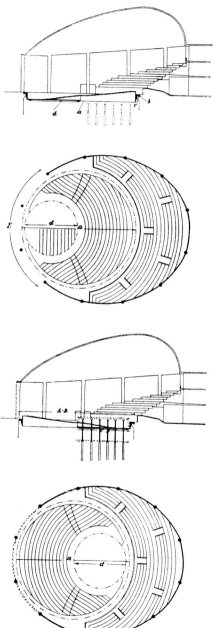

5. Totales Theater für
Piscator,
Grundrisse und Schnitte

schine, die ‹mit dem Raum› arbeitet. In dem gleichfalls nicht ausgeführten Projekt für das ‹Auditorium› und das ‹Museum in Halle›
ist der Saal sowohl von innen wie von außen nichts anderes als eine
enorme tönende Schale, um die sich rings ein sehr hohes Metallge-
rüst erhebt, das deren Schwingungen dem unendlichen Raum mitzuteilen scheint — das Ganze wirkt wie eine kolossalische Spieldose
oder ein gigantisches Musikinstrument. Das gleiche Abschnellen von
Bewegung, der gleiche Rhythmus der Umdrehung auf mehreren
Achsen, die gleiche wechselnde Zusammenziehung und Ausdehnung
von Energien bilden das Thema des Projekts für den Wettbewerb
des ‹Sowjet-Palastes› in Moskau.

Wir befinden uns — es ist gut, sich dessen zu erinnern — in einem
Stadium äußerster Spannungen der modernen Bewegung in Deutschland: neben Gropius stehen Mendelsohn und Mies van der Rohe an
der Spitze der Vorhut. Wenn bei Mendelsohn jedoch die Massen noch
aus einer inneren Spannung heraus danach streben, sich zu spiegelnden
Oberflächen zu strecken, und bei Mies van der Rohe die Ausbreitung
der Flächen danach strebt, sich mit der Stabilität der Masse zu ver-
einen (Materie, die sich in Symbol verwandeln will, und Symbol,
das in der Materie Gestalt gewinnen will), hat Gropius die Grenze
überschritten, jenseits welcher Realität und Illusion, Materie und
Symbol nicht mehr trennbar sind: wo das Symbol selbst, durch die
Rationalität, die es erzeugt, wahr wie die Realität selbst ist.

Bei dem Projekt für ein ‹Theater in Charkow› (1930) verbirgt oder
vielmehr löst sich das Massiv des Gebäudes in schräge oder geschwungene gläserne Wände auf; der Raum ist jetzt nur noch etwas,
was man jenseits einer gebrechlichen, provisorischen, durchsichtigen Scheidewand vermutet, die trotzdem unser unmittelbares Bedürfnis nach einer Grenze befriedigt. Jenseits dieser Grenze sieht man die
ihr folgende Begrenzung, Fläche oder Block, wie ein gebrochenes,
durch den Schleier eines Wassers wahrgenommenes Bild: reales Bild
eines realen Gegenstandes, von dem man trotzdem weder die Entfernung noch die genaue Lage feststellen kann. In Wirklichkeit ist
in diesem Raum nichts Gewisses mehr als die Unmittelbarkeit, das
plötzliche Aufflammen und das schnelle Vorübereilen der Sensationen.
Das Element der Bewegung hat seinen Ursprung in den Massen, es
wird aus dem Bau hinausgetragen wie eine gespannte Feder, die los-
schnellt, eine Bewegung auslöst, die ins Unendliche fortschwingt
und sich verliert: nichts anderes als zwei kreisrunde, nach außen projizierte Plattformen, von einem dünnen Mittelpfeiler getragen, um
den sich die Spirale einer kurzen schneckenförmigen Treppe herum-
schraubt. (In der Ausstellung von Nichteisenmetallen werden wir
desselbe Motiv wiederfinden, dort aber durch die tatsächliche Bewegung einer fortgesetzten Rotation belebt. Einige Jahre später fin-

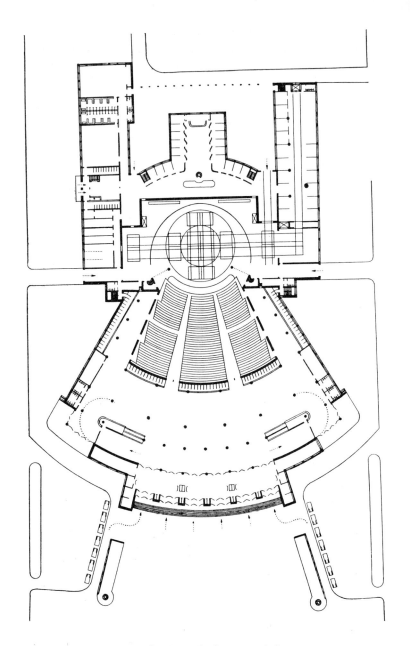

6. Theater in Charkow, Grundriß

den wir in New York das Schaufenster eines Juwelierladens zu einem feinen täuschenden Spiel von Glasscheiben gestaltet, die einander längs der Reihe der glänzenden Rahmen das Bild einer täuschenden Tiefe zusenden, während in der Mitte ein Getriebe von kreisenden Spiegeln unermüdlich seine Bewegung vollzieht.)

Die formale Lösung eines bestimmten Bewegungsfaktors ist kein neues Problem in GROPIUS' Bauten. Schon 1913 hatte er eine aerodynamische Lokomotive entworfen als eine durch den eigenen Bewegungsimpuls, durch ihr den Raum-Durcheilen geformte Masse. 1930 entwirft er die Karosserie eines Automobils; doch hier wird die Bewegung nicht mehr als eine äußere Kraft empfunden, die die Formen bildet, vielmehr als innere Eigenschaft der Form, als eine Möglichkeit der absoluten, physischen Besitzergreifung des Raumes, die durch die Zweckmäßigkeit ihrer Flächen und Profile erreicht wird.

Die von GROPIUS in diesen Jahren vorbereiteten Ausstellungen (Werkbundausstellung 1930 in Paris und die Ausstellung der Nichteisenmetalle 1934 in Berlin) sind der typischste Ausdruck einer Bewegungs-Architektur, die den Raum *schafft*. Dünne Metallgitter, die einen Raum in den Raum weben, bezeichnen illusorische Körper und leben von dem ephemeren Glanz von Reflexen; leuchtende Flächen, die sich biegen, oder mit kalten Blitzen vorstoßen; Kugeln, Zylinder, metallene Scheiben, die um sich selbst wie in einer laufenden Maschine kreisen: Spiralen, die sich ein- und abwickeln und in den Raum kleine Flügel in einer unwägbaren Hülle von glänzenden Fäden befestigen. (Abb. 12)

Die naheliegende Beziehung dieser architektonischen Gefüge zu den Skulpturen von PEVSNER und GABÒ, wahre und eigentliche Präzisionswerkzeuge für die Umwandlung des Raumes aus der dritten in die vierte Dimension, bestätigt, wie man zu dieser höchsten Stufe der Raumerkenntnis nur durch schöpferische Gestaltung kommt: in einer Verfassung des Geistes, die jede Schranke zwischen den traditionellen Kategorien der Phantasie und der Vernunft aufhebt und so mit jeder Äußerung des geistigen Lebens einen ganzheitlichen, die Existenz und das Wissen vereinenden Akt identifiziert.

GROPIUS' Haltung in diesen letzten Jahren seiner Tätigkeit in Europa weist bestimmte Berührungspunkte auf mit einigen programmatischen Ideen des italienischen Futurismus und der sowjetischen Architekturbewegung, die vom Suprematismus MALEWITSCHS ausgeht. Der Hauptberührungspunkt mit dem Futurismus ist die Theorie vom Theater als einer angenommenen Identität von Wirklichkeit und Illusion und der daraus folgenden Zerstörung jeder objektiven Form; daraus ergibt sich die Notwendigkeit der Bewegung (man denke an die neue Form der dynamischen Architektur in dem

Manifest von SANT'ELIA * als einer endgültigen Überwindung der objektiven Form und der idealen Stabilität ihrer Kräfte). Der von futuristischen Voraussetzungen ausgehende Suprematismus legt in noch klareren Formulierungen die Identität von Form und sinnlicher Empfindung fest, d. h. die Antithese zwischen sinnlichem Eindruck als Form des Zufälligen und der Darstellung als Form des Transzendenten. Die revolutionäre Erfahrung läßt erkennen, daß die Welt *sub specie aeternitatis* der künstlerischen Darstellung eine Fiktion ist, deren sich die führenden Klassen bedienen, um ihr Prestige zu stärken, die arbeitenden Klassen von ihren realen und vitalen Interessen abzulenken und sie zu überreden, einer providentiellen Katharsis, einem *Jenseits*, die Lösung ihrer Probleme zu übertragen. Die bisherige künstlerische Darstellung ist folglich trotz ihres Ewigkeitsanspruches der Ausdruck konkreter Interessen, utilitaristische Anpassung: wie die offizielle Wissenschaft und die Religion. Das Abstrakte ist statt dessen — das Reich des Seins, des Lebens an sich, das endlich frei ist im unbegrenzten Raum und in der unbegrenzten Zeit des Unter- und Überbewußten.

Doch wird das Unter- und Überbewußte nicht die neue, umfassende und vitalere Sphäre des Bewußtseins sein? Wird nicht das, was bis gestern als das Reich der Illusion und der Sünde angesehen wurde, zum Reich der Wahrheit werden, das dem Reich der Fiktion folgt, das Reich der wahren Moral, das dem Reich der autoritären Moral folgt?

Die letzte große europäische Illusion drückt sich gleichnishaft in der Architektur aus, die, obgleich sie weiter ihr geistiges Zentrum im Bauhaus hat, sich schnell in Österreich, Ungarn, in der Tschechoslowakei verbreitet und ihre äußeren Ableger in Nord-Europa bis nach Finnland und im Süden bis zur Poebene vortreibt. Diese Architektur, die in allen Ländern eine gleiche Kultur- und Lebenshaltung zu realisieren strebt, vermeidet jede feste Formgebung. Eher als ein Stil ist sie eine Methode der Problemstellung; eher als ein Komplex von Inhalten und Formen ist sie eine Seins-Weise, eine Haltung dem Realen gegenüber. Und noch eins: unbegrenzt in ihren Inhalten und ebenso unendlich wiederholbar in ihren Formen, will sie nicht mehr Bild oder Bauwerk, sondern bloße Bildhaftigkeit und Konstruktivismus sein, Konstruktivismus des Geistes, der die Wirklichkeit bestimmt: letztlich reine ‹Zeichnung› oder Programm, die der Welt die Hauptlinien ihrer Entwicklung aufprägen will.

Eine unwägbare, verdünnte, von jedem Gefühlsinhalt, jeder Gemütsbewegung gereinigte Form, frei von jedem Rest an Natur, un-

---

* ANTONIO SANT'ELIA (1888—1916), futuristischer italienischer Architekt. Vgl. NIKOLAUS PEVSNER, a. a. O., S. 109, Fußn. 1. (Anm. d. Red.)

angreifbar wie ein Gedanke und wie jede geistige Wahrheit unbegrenzt und bis ins Unendliche wiederholbar: eine Form, die nicht im Raume steht, sondern der Raum selber ist, ein fortgesetztes Hervorbringen von Raum, eine Struktur, die die Menschen selbst mit ihren rationalen Akten weben und die zugleich Bedingung und Ausdruck dieser Rationalität sein soll: dies ist das höchste Ideal der neuen Ästhetik, die selbst diesen Namen ablehnt und nur eine Gestaltungstheorie sein will.

All die unendlichen, unvorhersehbaren Beziehungen zur äußeren Welt — zu dem ihr Wesensverwandten, zur Realität — werden in der Architektur berechenbar wie auf einer Logarithmentafel. Die Architektur wird zur Kultur selbst in ihren sichtbaren Formen, diese reine, absolute Aktualität wird zur zeitlichen und räumlichen Dimension werden, in der alle Äußerungen der Existenz ihre Rechtfertigung, ihre Form, ihre volle Bedeutung finden werden. Diese abstrakteste Utopie geht mehr in der Intention als in der Tat aus dieser von der harten und objektiven Realität losgelösten ‹Praxis› hervor. Die ‹Rationalität› wird zu einer moralistischen Hypothese.

Heute, wenn man an jene Zeit zurückdenkt, die die Gefahr des Abgrunds ahnte und sich in die Architektur wie in einen neuen Glauben zu retten versuchte, beginnt man zu zweifeln, ob jenes mit so viel voraussehender Vorsicht die Bedingungen-des-Lebens-Festsetzen nicht schon ein dem Leben Widerstreben war, ein seine dringendsten Probleme in die Unendlichkeit Aufschieben: der Versuch, sich durch die Aufstellung illusorischer Programme einem Unbehagen zu entziehen, das sich nicht mehr mit der Entkräftung der Nachkriegszeit rechtfertigen ließ und sich Tag für Tag in den unbarmherzigen politischen Kampf stürzte. Ein kalter und hoffnungsloser Utopismus errichtete seine Luftschlösser am Rande der großen Städte; doch in dem ‹Rationalismus› ihrer vollkommenen Bauten war viel eher ein Protest als ein Ziel zu entdecken, vielleicht war es die letzte dialektische Verteidigung des europäischen Idealismus gegen den hereinbrechenden Irrationalismus mit seinen barbarischen Mythen der Macht des Blutes. Der deutsche Nazismus und der italienische Faschismus taten den architektonischen ‹Rationalismus› und die sozialen Forderungen, die er stellte, in Acht und Bann; das war natürlich eine grundlose Beleidigung der Kultur. Doch die rationalistische ‹Formel› war bereits von demselben Geist überwunden worden, der sie ausgearbeitet und hochgehalten hatte; das dringende Problem war jetzt nicht mehr eine grandiose, doch unmöglich gewordene Reform, sondern die erbitterte Verteidigung der Grundrechte des individuellen Lebens.

Und dies ist, so meinen wir, genau das Problem von GROPIUS in diesen tragischen Jahren, in denen das deutsche Bürgertum, die Unvermeidbarkeit dieses Dilemmas bemerkend, es auf seine Weise zu lösen versuchte, indem es ein neues, nicht mehr auf die Moral, sondern auf die Macht des Staates gegründetes autoritäres Prinzip aufstellte. Hier mußte es zum Bruch zwischen GROPIUS und der deutschen bürgerlichen Gesellschaft kommen. Der späte Appell an die extremistischen, revolutionären, in die Zukunft drängenden Bewegungen der künstlerischen europäischen Kultur war schon das Zeichen der polemischen Spannung, die verhängnisvoll mit dem Bruch enden mußte; die Beteiligung am Wettbewerb für das ‹Theater von Charkow› und für den Sowjet-Palast in Moskau sind die untrüglichen Symptome einer Enttäuschung und des Protestes, einer in eine zukünftige Welt gesetzten Hoffnung. Dies ist das Ende der Begeisterung und der Beängstigung, zwischen denen der konkrete, positive soziale Plan von GROPIUS Städtebau sich erhebt, der in diesem abgekürzten Finale der deutschen Demokratie wirklich als ein letzter verzweifelter Rettungsversuch erscheint. Seine ganze Kraft ist in diesen und den folgenden Jahren darauf gerichtet, jenes Dilemma zu überwinden, seine städtebaulichen Lehren zu klären und theoretisch festzulegen. Trotzdem ist es wichtig, darauf hinzuweisen, daß der moderne Städtebau nicht aus einem optimistischen Programm noch aus einem euphorischen Utopismus geboren wird, sondern aus einer schweren, qualvollen Krise der Gesellschaft. Daher strebt er auch nicht so sehr danach, das abstrakte Ideal einer sozialen Organisation zu verwirklichen, als vielmehr sich den wirklichen Problemen jener Gesellschaft in ihrer dringlichen und dramatischen Konkretheit kühn zu stellen und sie zu lösen.

III. GROPIUS IN AMERIKA

Nichts ist müßiger als zu untersuchen, bis zu welchem Grade Männer wie GROPIUS oder THOMAS MANN, die die rapide reaktionäre Krisis in Deutschland dazu getrieben hatte, in den Vereinigten Staaten Zuflucht zu suchen, sich ‹amerikanisiert› haben (vorausgesetzt, daß dieses Wort überhaupt einen Sinn hat). Und es gibt wohl nichts Engherzigeres, als eine Bilanz ziehen zu wollen zwischen den Leiden dessen, der ging, und dessen, der blieb, als ob der moralische Standpunkt einer starken Persönlichkeit sich bei jeder Biegung ihres Weges ändern könne.

Für GROPIUS indessen ist die Auswanderung von 1934 eine Art großer Rückkehr gewesen. Aus England, der ersten Etappe seines Exils, war mit RUSKIN und MORRIS die erste Botschaft von der sozialen Aufgabe der Kunst gekommen; aus England auch der Sinn für das Praktische, den Deutschland seit langem verloren hatte, und der erste Impuls zu seinem großen industriellen Fortschritt. Nach England hatten sich die besten Männer der künstlerischen deutschen Kultur geflüchtet: von MENDELSOHN bis PEVSNER, der gerade in diesen Jahren den Plan zu seinen denkwürdigen ‹Pioneers of the modern Movement›* entwirft, die erste wirklich geschichtliche Rekonstruktion der Ursprünge und ideellen Beweggründe der modernen Kunstbewegung. England schenkt GROPIUS einen wertvollen, von höchster Begeisterung und Intelligenz erfüllten Mitarbeiter: MAXWELL FRY.

Was Amerika anbetrifft, so genügt es, daran zu erinnern, daß MORRIS dem amerikanischen Realismus den religiösen Sauerteig zugefügt hatte, der die Architektur von SULLIVAN und WRIGHT zum Ausdruck und fast zum Symbol der echten Demokratie Lincolnscher Prägung machen sollte. Es war für GROPIUS wie ein Zurückgehen auf die ersten Quellen der eigenen Ideologie, ein Wiedergewinnen des Vertrauens in den ‹Fortschritt›, der in Europa nach der ersten überschwenglichen Blüte nur allzu schnell zu dem aggressiven Egoismus der führenden Klassen entartet war. Der Glaube an die Industrie und an die erzieherische Sendung behielt in diesem Land und in diesen Jahren eine unbezweifelte Legitimität, er bedeutete kein Wider-die-Natur-sein, sondern einfach nur eine neue Art, mit größter Erfüllung in der Wirklichkeit zu leben, alle ihre Wohltaten zu nutzen, eine höhere Stufe der Erziehung und menschlichen Freiheit zu verwirklichen. Die europäische Unruhe weicht von GROPIUS zugleich mit dem beängstigenden Druck der Klassengegensätze. Von

---

* Titel der hier bereits verschiedentlich zitierten deutschen Ausgabe ‹Wegbereiter moderner Formgebung› (rde. Bd. 33), nach dem der zweiten englischen Auflage ‹Pioneers of modern Design› übersetzt. (Anm. d. Red.)

diesem Augenblick an kennt seine Entwicklung keine dramatischen Krisen mehr: sie wird zu einer fortschreitenden Erweiterung gestalterischer Erfahrungen.

Es ist möglich, daß die Mitarbeit von Maxwell Fry Gropius geholfen hat, in den wenigen Arbeiten der englischen Periode einen ruhigeren und herzlicheren Ton zu finden, einen leichteren und spontaneren Kontakt mit den Dingen der Welt. Es galt nun nicht mehr, ein Ideal bis zum äußersten zu verteidigen, sondern ein Programm zu entwickeln. Und die erste Aufgabe liegt ihm: eine Dorfschule, als Zentrum des sozialen Lebens einer kleinen Gemeinschaft. Die Schule ist das Medium zwischen dem Menschen und seiner Umwelt, und Umwelt ist nicht nur die physische Natur, sondern Natur und Gesellschaft als ein Ganzes. Die ‹Schule von Impington› will aus dem umbauten Raum eine Fortsetzung des Raumes der Natur machen, will den praktischen und hygienischen Forderungen eine pädagogische Rechtfertigung geben.

Der Plan ist als Ausdruck einer Gesellschaft *in nuce* gedacht, wo Studium und Arbeit in der Kontinuität der pädagogischen Erfahrung aufgehen. Da ist ein geräumiges Vestibül, wo Schüler und Lehrer sich treffen und unterhalten, wie in dem *Peripaton* des griechischen Lykeion; da sind Säle, wohin die Kinder sich nach Belieben zurückziehen können, um zu studieren, zu arbeiten, sich auszuruhen. Da sind auch Werkstätten und Versuchsgärten; alle die medizinischen, hygienischen, pflegerischen Hilfsquellen, die die Grundlage des modernen sozialen Lebens bilden. Die Klassen öffnen sich mit großen Fenstern auf den baumbestandenen Freiraum: die Schule ist der Ort, der allen Erfahrungen offensteht, das Mittel zu einem gesunden und vorurteilslosen Kontakt zwischen dem Individuum und seiner Umgebung.

Die niedrigen, mit dem Mittelbau verbundenen Flügel des Gebäudes öffnen sich in den Raum und lassen Licht und Luft den freiesten Zutritt; die Bewegung ist kein abstraktes Prinzip oder Gesetz mehr, sondern ein freundliches, unmittelbares Sichentfalten des Lebens in einer ihm entgegenkommenden Wirklichkeit. Die Architektur findet das passende Material, die einfache Form, den zugleich klugen und einheitlichen Entwurf des Hausrats wieder. Zum erstenmal strebt der Bau nicht nur danach, die zeichnerische Reinheit des Grundrisses wiederzugeben, sondern er will sich in dem plastischen Rapport zwischen Massen und Hohlräumen verwirklichen, sich als lebendiger Organismus in einen lebendigen Raum hineinstellen.

Das ‹Haus für Benn Levy› in London (1936) ist vielleicht der erste Baugedanke von Gropius für eine Wohnung, die nicht eine Lebensform *a priori* sein will, sondern ein Ort, wo man lebt, nicht mehr Nummer einer Serie, sondern eine individuelle und geschlossene Ein-

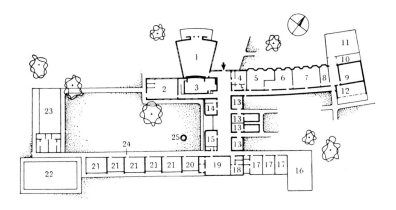

1 Aula mit Tonfilmprojektor
2 Holz- und Metallwerkstatt
3 Bühne
4 Küche
5 Gemeinschaftsraum für Erwachsene
6 Tischtennis
7 Billard
8 kleiner Spielraum
9 Lesezimmer für Erwachsene
10 Lehrerzimmer
11 Speisesaal
12 Bibliothek
13 Umkleide- und Duschraum

14 Hausmeister
15 Gemeinschaftsraum für
   Erwachsene
16 Gemeinschaftsraum
17 Schüler-Spielräume
18 Sanitätsraum
19 Schularbeitsraum
20 Schneiderei
21 Klassenräume
22 Schwimmbad
23 Turnhalle
24 gedeckter Wandelgang
25 Brunnen

7. Schule in Impington, Grundriß

heit. Wenn in der Vergangenheit das Gebäude danach strebte, die Linienführung der Zeichnung als eines Planes, der sich in die verschiedenen Dimensionen projiziert und das Prinzip der Teilbarkeit des Raumes verwirklicht, wiederzugeben, so stellt der Grundriß die innere Gliederung eines plastischen, genau bestimmten Organismus dar. Das Haus ist mehr als eine bloße Wohnzelle, die einer besonderen, aber beschränkten Aufgabe entspricht: es ist der Lebensraum mit all seinen vielfältigen Funktionen oder Forderungen.

1937 wird Gropius in Amerika Professor an der Harvard-Universität. Eine Periode intensiver beruflicher, erzieherischer, publizistischer Arbeit beginnt. Der Unterricht beschränkt sich zunächst rein auf die berufliche und technische Ausbildung des Architekten; später verwandelt sich die Schule zu einem kollaborativen Zentrum für das Studium der großen Probleme der Vorfabrikation und der städtebaulichen Planung. Die Harvard-Hochschule hat offensichtlich keine Berührungspunkte mit dem Bauhaus; ihr Ausbildungsgang beruht auf einer rigorosen Theorie der Projektierung und auf der strengen Lehrzeit im Baubetrieb und strebt danach, einen Typ des Technikers mit sehr viel weitergehender leitender Verantwortlichkeit heranzubilden als die der Bauhaus-Absolventen. Im Bauhaus bedeutete der Titel des Architekten einen Abschluß, weil die städtebauliche Planung nur eine Wiederholung *ad infinitum* von fast mathematischen Kombinationen formaler Einheiten war; hier ist die formale Einheit keine geometrische Form, sondern erlebte schöpferische Form, der lebendige Kern, aus dem die städtischen Komplexe organisch geboren werden, und darum entwickelt und vollendet sich die Tätigkeit des Architekten in einer beseelten schöpferischen Planung. Es kommt nicht mehr auf die Nummer an, die zur Serie wird, sondern auf den vitalen Keim, der sich zum Aufbau des organischen Gefüges des sozialen Körpers entwickelt. Was sich GROPIUS in Amerika darbot, war die Bereitschaft, mit der jede neue Hypothese, wenn nicht sofort verwirklicht, so doch auf ihre Realisierbarkeit geprüft wird: dies war es, was die europäische Umgebung immer abgelehnt und was die Entwicklung des Programms des Bauhauses so sehr gehemmt hatte. ‹Als ich 1937 in die Vereinigten Staaten kam, erfreute ich mich des amerikanischen Systems, unmittelbar an die konkrete Verwirklichung jedweder neuen Idee gehen zu können, anstatt sie nach der schlechten und unfruchtbaren europäischen Gewohnheit vorzeitig erst Stück für Stück auf ihre mögliche Brauchbarkeit hin diskutieren zu müssen.›

Das Streben nach plastischer Einheit oder Geschlossenheit der baulichen Form wird immer deutlicher. Es ist möglich, daß zu diesem endlichen Sichloslösen von der alten Dialektik der Gegensätze, neben dem unmittelbaren Kontakt mit den *organischen* Strömungen, die von WRIGHT ausgingen, der Umgang mit einer ungewohnten Natur, einer so neuen und anziehenden ‹Dimension› beigetragen hat, voll von Aufforderungen an jene sinnliche Wahrnehmungsfähigkeit, die der europäische Gestaltungs-Idealismus seit langem abzutöten gewohnt war im Namen einer *virtus intellectualis*, deren letzter und eifrigster Vertreter wohl der architektonische Rationalismus war.

Es steht außer Zweifel, daß GROPIUS, als er nach Amerika kam, das Vorhandensein von mehr als einem Berührungspunkt der eigenen Pädagogik mit der ‹pragmatischen› amerikanischen Pädagogik bemerkt hat, z. B. mit der von DEWEY, und daß in seinen neuesten Schriften einige Lehren seiner Gestaltungstheorie zu einer wahren und speziellen Psychologie der Kunst entwickelt worden sind. Es genügt, an die erste These der Bauhaus-Lehre von der Entwicklung der Materie zur Form zu erinnern, um die Annahme auszuschließen, die Überwindung des architektonischen Rationalismus bei GROPIUS könnte sich als eine überwältigende, begeisterte Entdeckung der Materie und ihrer organischen Gesetze darstellen. Diese Überwindung ist vielmehr eine innere oder geistige Eroberung; die Befreiung von einer quälenden dialektischen Notwendigkeit, die langgesuchte und endlich erreichte Identität des Momentes der Wahrnehmung mit dem Moment der Gestaltung oder der konstruktiven Tätigkeit.

Zweifellos bot die amerikanische Umgebung viele Möglichkeiten für die Verbreitung der Prinzipien und Methoden des Bauhauses. GROPIUS selbst erläuterte die Grundgedanken seiner Erziehung zur Gestaltung in einer Reihe von Artikeln. Die Ausstellung ‹Bauhaus 1919–1928› im ‹Museum of Modern Art› in New York 1938 bedeutete einen großen Erfolg. Amerika scheint entzückt, eine große europäische Idee zu erben, eine Idee, die der Nazismus verbannt hatte. Um die Mitarbeiter von GROPIUS, die ebenfalls vor den nazistischen Verfolgungen nach Amerika geflüchtet waren, bilden sich ebenso viele kleine Bauhäuser: MOHOLY-NAGY übernimmt die Leitung von ‹The New Bauhaus› in Chicago, andere Zentren für Gestaltungspädagogik entstehen in dem ‹Black Mountain College› mit ALBERS und SCHAWINSKY an der Spitze, ferner in der Architektur-Abteilung des ‹Armour Instituts› in Chicago unter MIES VAN DER ROHE und HILBERSHEIMER, in der ‹School of Industrial Design› in New York, in der ‹School of Design› von Süd-Carolina, in Mexiko. Doch wenn auch der Einfluß dieser Zentren für Gestaltungserziehung für die Entwicklung der amerikanischen Kunst in Richtung auf den sogenannten europäischen ‹Abstraktismus› und vor allem für die Entwicklung des *industrial design* entscheidend gewesen ist, ihr Aktionsradius hat doch nie die Weite desjenigen des Bauhauses in Dessau erreichen können.

GROPIUS selbst bleibt in seiner Berufsausübung wie in seinem Unterricht auf dem Lehrstuhl im wesentlichen europäisch. Er schätzt mit absoluter Objektivität und offenem realistischem Sinn die tatsächlichen Bedingungen der Kultur, in der er arbeitet und der er einen positiven Beitrag seiner Erfahrungen zu vermitteln sich vorgenommen hat. Und da Gestaltung stets das Lösen eines Problems bedeutet, ist es klar, daß sie etwas von den verschiedenen Voraussetzungen des Problems, auf das sie sich bezieht, spüren läßt. Doch seine Haltung bleibt eine im wesentlichen kritische.

Er hat die Mitarbeiterschaft von BREUER gewählt, der wohl am meisten Künstler unter den Architekten des Bauhauses ist, und er hat sie gerade deshalb gewählt, weil er meint, daß die künstlerische Intuition, der schöpferische Impuls wieder die Oberhand über den Mechanismus des reinen Rationalismus gewinnen sollten; doch er trennt sich wieder von BREUER, als er bemerkt, daß dessen ‹Artistik› leicht zu einem raffinierten Geschmack der Ausstattungskunst, der Luxuskunst absinken kann. Er verbindet sich alsdann mit KONRAD WACHSMANN* zu einem vertieften Studium der kleinen vorfabrizierten Bauteile auf der Grundlage einer Platte, deren Maß ein Modul darstellt; doch es handelt sich hierbei nur um eine auf ein spezielles Problem beschränkte Zusammenarbeit, wenn auch um ein mit seiner ganzen Forschung verknüpftes Problem: dem von der ‹Modulation des Raumes›. Wichtiger ist die Arbeitsgemeinschaft, die er mit seinen Studenten von der Harvard-Universität gründet. In ihnen schafft er sich eine Gruppe von Mitarbeitern, mit der er daran geht, den Plan zu einer Erneuerung der Gebäude der Hochschule selbst zu bearbeiten: die Idee einer Schule als eines ersten sozialen Organismus, der die eigenen Formen in Übereinstimmung mit der ihm zugewiesenen, bildenden Funktion entwickelt; diese Idee ist auch immer noch die Basis seines Werkes als Lehrer.

Soweit man nach einer Zeichnung urteilen kann, ist das Projekt für das ‹Art Center des Weaton College›, mit BREUER zwischen 1937 und 1938 entworfen, ein weiterer Schritt zu einer immer freier und entmaterialisierter werdenden Struktur. Der Angelpunkt der kompositionellen Bewegung (die drehbare Bühne des Theaters, das die beiden großen parallelen Baukörper verbindet) ist nur aus dem Grundriß zu ersehen; doch das durch die beiden schrägen Wände des Saales ausgedrückte Bewegungsgefühl überträgt sich konstruktiv auf die Erhöhung der Innenräume, auf die dünnen und wie Schnüre ausgespannten Strukturen, auf die systematische Aufhebung der Schwere. Dieses unausgeführte Projekt ist vielleicht der Wendepunkt der auf die Überwindung des Rationalismus gerichteten Kraft.

Die Privathäuser, die GROPIUS mit BREUER in Amerika von 1938 ab gebaut hat, können indes als Zeugnisse eines subjektiven organischen Gestaltens gelten, das nicht danach trachtet, einer inneren Vitalität oder einem Wachstum des Realen Gewalt anzutun, sondern den Rhythmus und die innere Bewegung des Bewußtseins anstrebt, sein ‹Wachsen› und Sich-Organisieren, bis es in der eigenen schöpferischen Kapazität, in der Aufeinanderfolge und dem Sich-Koordinieren der Eindrücke alle Erscheinungen und Momente des Realen in sich vereinigt. Es ist der umgekehrte Prozeß wie bei WRIGHT. Jedes

---

* Eine Taschenbuchausgabe von WACHSMANNS bekanntem Werk ‹Wendepunkt im Bauen› erscheint im Oktober 1962 als Band 160 in ‹rowohlts deutscher enzyklopädie›. (Anm. d. Red.)

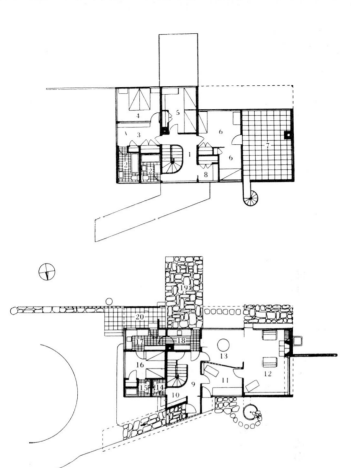

1 Diele	11 Arbeitszimmer
2 Bäder	12 Wohnzimmer
3 Ankleideraum	13 Eßzimmer
4 Schlafzimmer	14 W. C.
5 Fremdenzimmer	15 Bad für Hausangestellte
6 Kinderzimmer	16 Mädchenzimmer
7 Terrasse	17 Küche
8 Garderobe	18 Anrichte
9 Eingang	19 Veranda
10 Garderobe	20 Personaleingang

8. Haus Gropius, Lincoln (Mass.), Grundrisse

neue Werk von WRIGHT ist ein Untertauchen in die Realität, die Entdeckung einer tieferen Schicht, die Knüpfung von neuen und unvorhergesehenen Bindungen an die Welt der Phänomene. Die Technik erneuert und enthüllt sich immer wieder im schöpferischen Akt, der jede frühere Erfahrung hinter sich verbrennt. GROPIUS kommt es nicht auf das einzelne schöpferische Werk an, sondern auf das Schöpferische als allgemeine Tätigkeit des Geistes, er erforscht seine Prozesse, erweitert seine Entwicklung und vervollkommnet seine Technik.

Da man vernünftigerweise annehmen muß, daß im Haus von GROPIUS die Erfindung von GROPIUS vorherrscht und in BREUERS Haus die von BREUER, glauben wir dem letzteren einen weitgehenderen Gebrauch von unbearbeiteten und natürlichen Rohstoffen zuschreiben zu können, einen scharfen Sinn für den Kontrast zwischen ihren verschiedenen optischen und tastbaren Eigenschaften, die feinste Beachtung der wechselnden Texturen. Es ist noch das gleiche Bemühen, das mit allem zusammenhängt, was BREUER einst im Bauhaus ausgeführt hat, um die Wahrnehmungen zu differenzieren und sie präziser zu machen. In dem Haus von GROPIUS, auch wenn sich ein kurzer Vorhang von Ziegeln zwischen die hellen kalkbeworfenen Wände und die durchsichtigen Glaswände schiebt, bewahrt dieser Einschub eine räumliche Bedeutung, er ist das Medium, das wie ein lebendiges Gelenk den freien und den umbauten Raum verbindet, eine farbige Klammer, die das natürliche Licht und das Licht, das der Bau selbst positiv bestimmt, in dasselbe Register zusammenschließt. An allen Bauten aus dieser Periode kann man leicht das Vorhandensein eines analogen Elements feststellen: bei dem ‹Haus Ford› in Lincoln ist es ein Schornstein, der eine glatte Wand furcht und die Regelmäßigkeit des Umfangs unterbricht; woanders ist es eine Veranda, ein verglaster Gang, ein Gitter aus dünnen lamellenähnlichen Balken zur Deckung einer Terrasse. Das Licht ist die letzte formale Entdeckung von GROPIUS; doch handelt es sich nicht um ein Licht, das die unterschiedliche Beschaffenheit der Oberflächen absorbiert oder mit malerischem Wechsel von Effekten zurückwirft, vielmehr um einen Lichtraum, den die Baustruktur selbst ‹schafft› und dessen Gestaltungselemente sich verwandeln, um sich als reine Wahrnehmung jenseits von jedem Intellektualismus zu realisieren. Von seinen ersten Bauten an strebte GROPIUS danach, in der Transparenz und in der reinen Geometrie der Struktur einen Ausdruck von Wesensgleichheit zwischen Masse und Hohlraum zu finden, eine Gleichheit der Substanz von Raum und Licht zu erreichen, obwohl das Licht auch ein Mittel wäre, den Raum zu entmaterialisieren und ihn auf eine geometrische Konstruktion zurückzuführen.

Da das Haus die äußere Gestalt des Lebens darstellt, das sich in

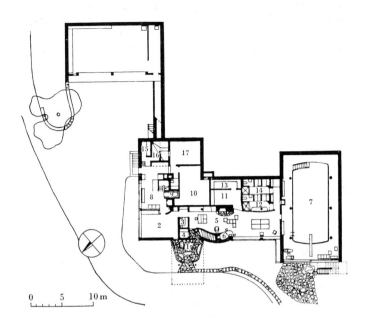

1 Eingang
2 Arbeitszimmer der Söhne
3 Projektionszimmer und
  Dunkelkammer
4 Lift
5 Spielzimmer
6 Kinderbar
7 Schwimmbad
8 Waschküche

9 Trockenraum
10 Klimaanlage
11 Speisekammer
12 Ankleideraum der Mädchen
13 Weinkammer
14 Ankleideraum der Jungen
15 Gemüsekammer
16 Kohlenkammer
17 Heizung

9. Haus Frank, Pittsburg (Penns.), Grundriß

seinem Innern vollzieht, ist der gegebene Ausgangspunkt das Leben selbst in der Einheit und Mannigfaltigkeit seiner Vorgänge. Man gelangt so zu einem durch organische, im ursprünglichen Plan vorgesehene Ergänzung ‹wachsenden› Haus, das sich mit der Vergrößerung der Familie, die den Grundkern der sozialen Gemeinschaft bildet, vergrößern läßt. Die Beweglichkeit der Grundrisse, sowohl der einzelnen Einheiten wie der großen Komplexe, bedeutet, daß die Planung sich der Entwicklung der Gemeinschaft anpassen soll, statt sie nach einer vorbestimmten Norm vorauszubestimmen. Der Grundriß ist nicht mehr eine rationale Verteilung von Räumen in Beziehung auf eine vorbestimmte Folge von Funktionen, sondern ein dehnbares und elastisches Schema, das allen Äußerungen der Existenz ihren Platz anzuweisen, eine ihnen vollkommen entsprechende Räumlichkeit, mit einem Wort: eine Form zu geben vermag. Es ist nicht mehr die Architektur, die das Leben nach Plänen regelt, sondern das Leben ist es, das die Architektur bestimmt, die im letzten Grunde nur das Mittel ist, dem jedem menschlichen Wesen eingepflanzten Bedürfnis zu genügen, all seinem Tun eine Grenze, einen Horizont, einen sichtbaren Abschluß zu geben. Der Bau gleicht sich nicht der äußeren Realität an, ja ist ihr nicht einmal mit der Autorität seiner ‹rationalen›, bestimmten, unveränderlichen Formen überlegen; er durchdringt die Landschaft und schiebt sich in sie ein in demselben Maß und mit derselben Ruhe, mit der die Landschaft in seine verschieden geformte äußere Umfassung eindringt und sich einschiebt, in seine großen offenen Terrassen, in seine gewaltigen Fensterflächen; und wenn sich in seinen innersten Wänden als Schmuck Holzbalken oder Naturstein vorfinden, so deutet das nicht hin auf ein geheimnisvolles Wachstum des Baues aus dem Gestein oder dem Walde, sondern zeigt einfach an, daß die Realität bis in seine innersten Fasern durchgedrungen, zur sinnlichen Erscheinung geworden ist, in diesen Strukturen ihre Gestaltung gefunden hat.

Da der Raum jetzt nicht mehr in geometrischen Konstruktionen hypothetisch vorausgesetzt wird, sondern sich mit der Echtheit und Vollkommenheit einer sinnlichen Erscheinung darstellt, hat dieser Bau auch keine anderen räumlichen Grenzen als den physischen Horizont seiner unmittelbaren Umgebung. Die Bäume, die Felsen, der Himmel, die fernen Berglinien empfangen durch den Bau eine neue Prägung, die Kraft eines formalen Sinneseindrucks. Durch die Macht des Baues wie durch ein wundersames räumliches Werkzeug ordnen sie sich zur Form und stellen sich als genau bestimmte Werte von Linien, Körpern und Farben dar. Daher die Notwendigkeit von freien, bewegten, auf der Elastizität der Grundrisse beruhenden äußeren Umrissen von Räumen, die sich nach allen Richtungen öffnen, auch nach oben, denn auch der Himmel ist Umgebung und Gegebenheit; die Notwendigkeit der Verknüpfung der Strukturen durch lebendige konstruktive Fühlhörner oder durch einen zurückhaltenden, wohlempfundenen kleinen Garten mit der innersten Anatomie der Landschaft. Daher auch das Streben, dieses bildsame konstruktive Werkzeug allen zugänglich zu machen, Baupläne zu entwerfen mit der Möglichkeit zu organischen Erweiterungen, den Bau durch die verschiedene Zusammenfügbarkeit der vorfabrizierten Bauteile weiterzuentwickeln.

Welche größeren erzieherischen Horizonte entsprechen dieser neuen Phase von GROPIUS' Bauten? Sie hatte nicht zur Folge, daß er sich an den verschiedenen Versuchen, ein neues Bauhaus in Amerika aufzubauen, beteiligte. Andere, vor allem sein früherer Schüler und Mitarbeiter MOHOLY-NAGY, haben seine Prinzipien zu einer feinsinnigen und umfassenden formalen Analyse entwickelt. GROPIUS hat nicht einmal die Erfolgsmöglichkeiten ausgenutzt, die die neue Richtung seiner Bauten bei der amerikanischen Hochfinanz zweifellos hätte haben können. Seit er Professor an der Harvard University ist, bildet die städtebauliche Planung im weitesten Sinn den Hauptgegenstand seines Unterrichts: Architektur ist nur Phänomenologie der Planung. Da er der Architektur keine eigene Formgesetzlichkeit mehr zuerkennt, gründet sich die Ausbildung des Architekten auf eine formale Schulung von allgemeinem Charakter und auf die praktische Tätigkeit auf der Baustelle.

Der Unterricht von GROPIUS an der Harvard University vermeidet jede abstrakte Stilfrage und beschränkt sich darauf, die Beziehung zwischen Kultur und Technik zu klären: Kultur, weil der Städtebau das Kollektivwerk einer organischen, vollkommen einheitlichen, klassenlosen Gesellschaft ist; Technik, weil die Kultur kein ererbter Besitz ist, sondern ein fortschreitender, in Bewegung befindlicher Entwicklungsprozeß und jede Kulturtat sich darum mit Notwendigkeit in den Rhythmus eines Konstruktionswillens einordnet. Diese Konzeption, die sich kein Problem im Realen stellt, folglich auch nicht das einer bildlichen Gestaltung, wenn sie nicht in die Sphäre der sozialen Aktivität eintritt, ist einer der interessantesten Punkte von GROPIUS' Gedanken: ‹Der Ausdruck *design* umfaßt im allgemeinen den ganzen Kreis unserer Umwelt, der von Menschenhand geschaffen ist, vom einfachen täglichen Hausgerät bis zur komplexen Planung einer ganzen Stadt.› Er behauptet, daß die Kunst solange nicht ihre Aufgabe der gestalterischen Erziehung erfüllen könne, bis sie sich auf eine Wertordnung gründet, die aus der persönlichen Gefühlssphäre geboren wird: Die bildnerische Gestaltung hat ihre Gesetze, Normen ihrer inneren Technik, doch diese engen die schöpferische Kraft nicht mehr ein als die Gesetze der Harmonie oder des Kontrapunkts die schöpferische Kraft der Musik.

Man gibt den Standard nicht auf, der nicht eine für den gestaltenden Rationalismus charakteristische Form ist, sondern das bleibende Resultat der künstlerischen Erfahrung. Auch die griechische und gotische Baukunst (die GROPIUS für den letzten lebendigen Ausdruck der europäischen Baukunst vor der modernen Bewegung hält) hatten ihre Standards hervorgebracht. Erst als die Gesellschaft ihre Einheit verloren hatte und die Kunst sich als Ausdruck des Individuums darstellte, ist das Gefühl für die Bedeutung des Standard verlorengegangen, der das Produkt einer Auslese ist, der Triumph dessen, was ‹vital und unpersönlich ist, über das, was persönlich und zufällig› ist. Mit dieser Auffassung vom Standard tritt die Bedeutung der Geschichte wieder auf den Plan. In der Tat ist diese letzte Synthese der Erfahrung, dieser höchste Grad von ‹Ganzheit› (wie DEWEY sagen würde) zwischen einer Vielheit von Beziehungen nicht anders erreichbar als durch den kritisch prüfenden, auslesenden Prozeß einer Folge von Erfahrungen. Der Standard ist nicht mehr etwas Objektives, das die Gesellschaft sich schafft und durch dessen Erreichung sie danach strebt, gewisse Widersprüche zu tilgen und so einen höheren Grad von Integrität zu erreichen, sondern der Ausdruck eines einheitlichen Fundaments, eines kollektiven Ethos, das die Gesellschaft einst besessen und· das sich nach und nach verdunkelt und verloren hat: ein unbewußt Gemeinsames, das zum kollektiven Bewußtsein wird. GROPIUS wird dafür später eine Bestätigung finden: er entdeckt in der alten japanischen Baukunst dieselbe räumliche Klarheit und dieselbe lichtvolle formale Rationalität, die er von seinen ersten Arbeiten an gesucht hat. Die Kunst des Fernen Ostens, die WRIGHT typisch ‹organisch› erschienen war, erbringt GROPIUS den Beweis, daß die Rationalität keine künstliche Haltung ist, sondern die natürliche und ursprünglichste Haltung des kulturellen Menschen.

Der Künstler schöpft nicht aus der Natur, seine Quellen liegen innerhalb der Gesellschaft; die Stoffe seiner Arbeit sind keine Rohstoffe, sondern Produkte, ökonomische Güter der Gesellschaft, in der er arbeitet. Die Kosten eines bestimmten Materials, der Grad der technischen Erfahrung, den er bei seiner Verarbeitung erreicht hat, die Tatsache, daß es sich am Ort findet oder von weither gebracht werden muß, sind nicht bloß praktische Nebensächlichkeiten, sondern, wie die ‹Qualität› des betreffenden Materials, ebenso viele Möglichkeiten der Realisierung; die Tätigkeit des Künstlers geht nie bis auf die letzten Prinzipien des Seins zurück, sondern verfolgt und entwickelt einen Arbeitsprozeß, eine schon ausgeübte Technik und spielt sich somit im Kreislauf der Gemeinschaft ab.

‹Jeder ist ursprünglich befähigt, räumliche Formen zu gestalten, wenn sein optisch-räumlicher Sinn zur rechten Zeit entwickelt worden ist›: das heißt soviel wie behaupten, daß jene ursprüngliche schöpferische Fähigkeit im allgemeinen durch eine falsche künstlerische Erziehung zerstört wird. Es ist leicht zu entdecken, wohin dieser Vorwurf zielt: man lehrt heute noch nicht und besonders nicht in den Schulen, die sich Kunstschulen nennen, daß das wahre Wesen der Kunst etwas Unwägbares und Unbegreifliches ist, jenseits der genauen Bedeutung der Zeichen und der unmittelbaren formalen Eindrücke. Und ist es verwunderlich, daß, gegenüber diesem Ideal, die Wahrnehmung und der Sinneseindruck zum bloßen Empirismus und die Technik zur bloßen Handfertigkeit herabgewürdigt worden sind? Und wie können die Menschen glücklich oder zum mindesten ihres Seins in der Realität bewußt werden, wenn die Tätigkeit ihres Seins, ihre Arbeit schließlich als blinde und taube Mühe angesehen wird oder sogar als vererbte Verdammnis, während die Offenbarung und der Genuß dieser Wirklichkeit, die sie selbst schaffen helfen, ewig dem Horizont ihres Lebens entzogen bleibt und in ein unwahrscheinliches Jenseits der Dingwelt entrückt wird oder vielmehr einer gebildeten Klasse vorbehalten bleibt, der allein das Privileg zusteht, die eigene Existenz über die Grenzen des Nützlichen und Materiellen auszudehnen?

Die Aufgabe der Kunst als künstlerische Erziehung ist es, den Menschen die Kenntnis der Realität beizubringen, die ihre Arbeit dauernd bestimmt, sich Rechenschaft zu geben von der schöpferischen Seite ihrer Arbeit innerhalb einer sozialen Gemeinschaft. Alsdann wird sich die mechanische Technik, die demütigt und abstumpft, in eine schöpferische Technik verwandeln, die den Wert des Lebens erhöht.

Da man die Realität nur erfährt, indem man sie verwirklicht, und Verwirklichung bedeutet ein absolutes Gegenwärtigsein, ist keine Unterscheidung möglich zwischen objektiver Welt und subjektiver Welt, zwischen Realität und Illusion. Die Erkenntnis des Unwirklichen der Illusion hängt von einer Überlegung *a posteriori* ab, d. h. von der Tatsache, daß der Eindruck, indem er einer Prüfung unterzogen wird, seine ursprüngliche Frische verliert. Die Reinheit, das strenge Gesetz der künstlerischen Wirkungskraft äußern sich besonders darin, daß der Eindruck die einzige praktische Erfahrung ist, während jedes Abschätzen des Eindrucks, jedes Werturteil von anderen hinzukommenden Erfahrungen bedingt ist, die die Wirklichkeit überdecken und sich mit ihr vermischen. In seinem Unterricht in Amerika stützt sich Gropius mehr noch als in Deutschland auf die Gestaltpsychologie; aber die Ethik, die er beim Bauen verwirklicht oder mittels des ‹konstruktiven› Unterrichts der Architektur verwirklichen helfen will, ist die aktive, von Grund aus optimistische der traditionellen amerikanischen Geisteshaltung. Der Eindruck selbst oder die Wahrnehmung ist nicht mehr ein bloßes Aufnehmen, sondern schon der erste Akt des konstruktiven Prozesses.

Wenn wir zum Beispiel eine geradlinige Straße betrachten, haben wir den Eindruck, daß die Häusermauern in einem Punkt zusammenlaufen. Wir wissen, daß sie in Wirklichkeit nicht zusammenlaufen, weil eine vorhergehende, ins Bewußtsein gelangte Erfahrung (wir haben eine ähnliche Straße zurückgelegt und festgestellt, daß die Parallelen nicht in einem Punkt zusammenlaufen) den Eindruck berichtigt und überdeckt. Wir werden diese Linien konvergierend zeichnen, nicht weil dies unser eigentlicher Eindruck war, sondern um die

Illusion des tatsächlichen Parallelismus dieser Linien hervorzurufen. Eine Illusion hervorzurufen oder eine erworbene Erfahrung auszunützen, ist seit Jahrhunderten der Gegenstand einer für künstlerisch gehaltenen Kunst gewesen; einen Eindruck realisieren oder eine Erfahrung umsetzen ist die Aufgabe der modernen Kunst. Es handelt sich nicht darum, den Eindruck zu genießen, was immer noch ein Zurückgreifen auf die Vergangenheit sein würde, sondern ihn hervorzurufen. Diese Bindung der Eindrücke, aus denen die Wirklichkeit sich aufbaut, an ein Tun, an eine aktive Haltung, ist die Aufgabe der künstlerischen Erziehung, ohne die unser Handeln sich in einer dunklen, ungeformten Welt vollziehen würde oder sogar, da es sich nie in einer Wirklichkeit bewegte, sich nicht verwirklichen könnte.

Die von GROPIUS in seinem Aufsatz ‹Design Topics› angeführten Beispiele gehören zum gewöhnlichen Repertoire der Experimentalpsychologie: zwei gleiche Quadrate, die von horizontalen beziehungsweise vertikalen Linien durchzogen sind, erscheinen in der der Linienführung entgegengesetzten Richtung verlängert; ein wenige Monate altes Kind, das zum ersten Mal den Mond sieht, streckt die Hand aus, um ihn zu ergreifen. Nehmen wir die Photographie einer unebenen Oberfläche, so genügt es, sie umzukehren, damit die Erhöhungen als Vertiefungen erscheinen und umgekehrt; ein in schwarz auf weiß ausgeschnittenes Profil erscheint viel dünner als derselbe Ausschnitt auf schwarz etc. Diese Wirkungen werden gewöhnlich optische Täuschungen genannt: doch sie interessieren uns nicht als solche, d. h. als Sehfehler, die eine vorhergehende Erfahrung sofort berichtigt; uns interessiert nur die Feststellung, daß jener der reine, authentische Eindruck ist. Er klärt uns nicht über den Sachverhalt auf, über den Schatz der gemachten Wahrnehmungen, sondern über den wirklichen gegenwärtigen Vorgang im Bewußtsein. Das, was uns den Eindruck als einen Irrtum oder eine Täuschung der Sinne beurteilen und verdammen läßt, ist in Wirklichkeit ein Festlegen und ein Zurückgreifen des Bewußtseins auf vergangene Erfahrungen oder auf Wahrnehmungen, für die es nicht unmittelbar verantwortlich ist, kurz, der Glaube an eine systematische, unveränderliche Natur oder an eine Autorität, die ihre Gesetze festgelegt und überliefert hat. Nur eine Kunst, die nicht die Täuschungen der Natur wiederholt, sondern die Form der Realität oder der Erfahrung bestimmt und sich so in der unmittelbaren Gegenwart verwirklicht, kann sich als vollkommen frei, d. h. als vollkommen schöpferisch ansehen.

Um die Annahme auszuschließen, GROPIUS sei leichtfertig vom europäischen Rationalismus zum amerikanischen Psychologismus übergewechselt, wird die Feststellung von der vollkommenen Übereinstimmung dieser theoretischen Lehrsätze mit seiner baulichen Praxis genügen — und das nicht erst bei der aus jüngster Zeit. Das Beispiel der linierten Quadrate erklärt sich aus dem Hinzukommen eines zeitlichen Faktors zu einer räumlichen Wahrnehmung. Das Muster schafft eine Reihe von Intervallen, die die Wahrnehmung im entgegengesetzten Sinn der Linien verlangsamen, die man im Geiste zu verlängern trachtet.

Das Beispiel des Profils, das größer oder kleiner erscheint, je nachdem, ob man es in weiß auf schwarz oder in schwarz auf weiß schneidet, wird durch die Ausstrahlung der Helligkeit des Weiß über seine Umrisse erklärt. Nebenbei sei bemerkt, daß die klassische Baukunst, um das Unvermittelte dieses Eindrucks zu vermeiden und den Gegensatz von weiß und schwarz in ein proportionales Verhältnis zu übertragen, den Übergang vom Leeren zum Vollen durch die Modellierung, d. h. durch das *Clairobscur* der Gesimse milderte und daß die moderne Baukunst ganz bewußt danach strebt, dem räumlichen Eindruck seine Unmittelbarkeit wiederzugeben, indem sie die modellierten Gesimse wegläßt. Genauer gesagt: in der Lehre von Gropius ist der Gedanke mit einbegriffen, daß das Licht als Gestaltungsfaktor ganz unabhängig sei von der naturalistischen Beziehung zu seiner Quelle und dem Schirm; die Form selbst ist ein Lichteindruck und die Quantität von einem Weiß und einem Schwarz, die Qualität der Zeichnung, die die Umrisse ihrer Wirkungsbereiche bestimmt, genügen, um die Lichtwirkungen festzulegen. Vielmehr, da diese Qualität und Quantität unbegrenzte Variationsmöglichkeiten haben, hat das gestaltete Licht dieselbe Veränderlichkeit wie das natürliche Licht. Ein technisches Referat kommentierend über den Vorteil, den Kunstwerken im Museum mittels künstlicher Beleuchtung jene vollkommene Sichtbarkeit zu garantieren, die mit dem Tageslicht nur eine *fleeting occurence* ist, protestiert Gropius: das künstliche Licht verändere nicht, das Tageslicht sei dagegen etwas Lebendiges und Veränderliches, ‹die durch die Veränderlichkeit des Lichts hervorgebrachte *fleeting occurence* ist gerade das, was wir brauchen, weil jeder in der Gegensätzlichkeit des veränderlichen Tageslichts gesehener Gegenstand jedes Mal einen verschiedenen Eindruck hervorruft.› Die künstlerische Form legt folglich nicht einen einzelnen Lichteffekt fest, sondern realisiert das Licht in seinem steten Wechsel. Es ist also kein illusorisches Licht, das das natürliche Licht ersetzt, sondern Verwandlung der labilen, unbestimmten, unqualifizierbaren Lichteindrücke in einer von konstruktiven Wahrnehmungen bestimmten Abfolge. Die Identität von Form, Raum und Licht oder die Vorstellung von einer Form, die gleichzeitig raumbildend und lichtbestimmend ist, bildet, wie wir sahen, das grundlegende Thema der von Gropius in Amerika erbauten privaten Wohnhäuser.

Es ist jedoch interessant zu bemerken, wie diese Identität zu einer strukturellen Vereinfachung zurückführt, die diese neueren Bauten (z. B. den ideal schönen Baukomplex des ‹Harvard Graduate Center›) der reinen Linienführung der Ebenen der im engeren Sinn rationalistischen Periode wieder annähert. Trotzdem besitzen die weißen Mauern des ‹Harvard Graduate Center› eine Lichtfülle, eine farbige Kraft, eine ‹Macht› über den sie umgebenden freien Raum, die sie von der reinen immateriellen Geometrie der Bauhaus-Konturen sehr unterscheidet. Dasselbe kann von den anderen Projekten gesagt werden, vor allem von den umfangreichen, mit der Gruppe ‹TAC› (The Architects Collaborative) entworfenen Baukomplexen: dem ‹Boston Center›, dem Gebäude der ‹Berliner Interbau› und der ‹Universität von Bagdad› usw. Nichts anderes als dieses Sich-Identifizieren einer vollkommenen Wahrnehmung mit struktureller und formaler Kraft ist das Prinzip, auf das sich die neuesten Versuche von GROPIUS gründen, die in Buchform unter dem Titel ‹Scope of Total Architecture› (und dem Untertitel ‹A new way of life›) zusammengefaßt sind. (Abb. 16 und 17)

Es ist trotzdem bezeichnend, daß das Problem der aktiven oder schöpferischen Wahrnehmung, obgleich in klarsten Formulierungen ausgedrückt, sich weiterhin mit dem Gegensatz von Realität und Illusion verknüpft, worin sich zweifellos die Spuren von überwundenen Dualismen bewahrt haben. GROPIUS hat nie seine tiefen europäischen Wurzeln durchschnitten; aus seinem neuen Psychologismus blüht das alte moralische Anliegen wieder hervor. Auch die Illusion ist etwas, das aus dem Leben erwächst (sei sie auch aus Leiden geboren) und zu ihm gehört; etwas, das nur ein religiöser Zelotismus aus der Einheit des Lebens ausschneiden und in die Hölle des Nicht-Seins (oder der Sünde) zurückstoßen kann. Damit reißen unheilbare Gegensätze wieder auf und mindern den Wert des Lebens und der menschlichen Verantwortung herab. Realität und Illusion sind noch immer die Angelpunkte des Problems, weil die Kunst noch immer in das Ringen um die Befreiung des Geistes verstrickt ist. Man kann nicht mit einem Schlage die Illusion zerstören, die doch immer ein Ringen darum ist, eine für träge und unveränderlich gehaltene Realität zu bewegen und zu verändern; man kann nicht mit einem Male den Menschen die Abkehr von jahrhundertelanger Tradition predigen. Man muß vielmehr die Menschen lehren, an ihre Illusionen zu glauben, als wenn sie Wirklichkeit wären, und an der Unveränderbarkeit des Realen zu zweifeln. Die Lösung mag zweideutig erscheinen und von einem alten europäischen Pessimismus getrübt, doch war sie trotzdem die größte Anstrengung, die ein europäischer Geist wie GROPIUS auf sich nehmen konnte, um die eigenen Widersprüche zu vergessen und sich dem Optimismus, dem Selbstvertrauen, der

Gesundheit (auch sie mehr illusorisch als real) der amerikanischen Welt anzupassen.

‹Über die mittels des Verstandes und des Kalküls erreichten praktischen Ziele hinaus soll das Projekt ein Werk der Sehnsucht und menschlichen Leidenschaft darstellen.› Und selbstverständlich: wenn der ‹menschliche Maßstab› das einzige Maß für den Raum abgibt, werden auch die leidenschaftlichen Impulse und die ideellen Forderungen zum Maß des Raumes werden. Der Städtebau, der höchste Ausdruck des sozialen Lebens, ist dann nicht mehr reine, gleichförmige Funktion, er ist Spannung, Überwindung, Bezeichnung von Möglichkeiten, unbegrenzte Planung. In ihm gewinnt der Entwurf seine ursprüngliche Bedeutung als Schöpfung, als Projekt, als Wurzel jeder möglichen künstlerischen Gestaltung zurück. Die soziale Aufgabe des Städtebaus liegt nicht so sehr in der unmittelbaren Hilfe, die eine ‹Sanierung› oder eine Vermehrung der Bauten einer bedrängten Klasse bringt, als in der Möglichkeit, die ganze Gesellschaft zu ihrer ursprünglichen, uneigennützigen, von allem Übermaß freien, schöpferischen Bauplanung zurückzuführen.

Die Hauptsorge von GROPIUS zur Zeit seiner systematischen städtischen Siedlungsbauten in Dessau, Karlsruhe, Berlin galt dem Dilemma zwischen Stadt und Land, zwei gegensätzlichen Typen der Gesellschaft und der Arbeit. Die Stadt, das Zentrum der rationalisierten industriellen Produktion, war der organisierte Raum, dem sich die empirische Natur gegenüberstellte. Doch wenn die Form keine Realität mehr ist, die nur in Verstandesarbeit gefunden wird, so ist die Zeichnung oder Planung als reine Konstruktivität mit dem Leben selbst verwachsen, mit seinem zyklischen Ablauf in allen Lagen und Momenten des Realen. Die Kunst führt neue Krisen der Industrie herbei, mit der sie sich eben erst innerlich verbunden hatte. Sie erkennt ihr nur eine begrenzte, zugeteilte, wenn auch notwendige Aufgabe zu; sie weist ihr die Produktion der Werkzeuge zu, über die jedoch die menschliche Schöpferkraft die absolute Herrschaft behaupten muß.

Man muß sich vergegenwärtigen, daß in der kurzen Entwicklungsgeschichte der amerikanischen Städte kein Raum war für den Zwiespalt von bürgerlichem Prestige und städtischer Funktion, der das *punctum dolens* des europäischen Städtebaus bildet. Die in Betracht kommenden Faktoren sind viel härtere und bestimmtere: auf der einen Seite die zerstörerischen Kräfte der Spekulation, auf der anderen die konstruktiven Kräfte der Arbeit. Es handelt sich nicht darum, die Aktualität ihrer Funktion gegen die Inaktualität des Privilegs zu verteidigen, sondern das Leben gegen den Krebs, gegen das, was WRIGHT als das fieberhafte und tödliche Wachstum der großen Städte bezeichnet. MUMFORD, WRIGHT, GROPIUS kämpfen von verschiedenen Stellungen aus und mit verschiedenen Argumenten denselben Kampf für die freie Entwicklung der vitalen Funktion gegenüber der entarteten und einseitig ökonomischen Hyperfunktion. Die wesentlichen Punkte des Programms sind: die Beschränkung des Umfangs der Städte, die Auslichtung der großen Wohnaggregate, die Schaffung von kleinen organischen Gemeinschaften, die Rückkehr zum ‹menschlichen Maß›. Mit diesen Plänen wird im wachsenden Umfang auf die Vorfabrikation zurückgegriffen: Die Reduzierung der Kosten und der Arbeitszeit, die Vereinfachung des Bauprozesses, die Möglichkeit, in kürzester Zeit neue Wohnkerne in Gegenden aufzubauen, die fern von den Produktionszentren der verschiedenen Baumaterialien liegen, sind wesentliche Bedingungen für die Schaffung von dezentralisierten, aber kulturell fortgeschrittenen Gemeinwesen. Die Vorfabrikation, die sich auf die Bauteile beschränken muß, ohne starre Wohnschemata festzulegen, hat auch eine spezifisch erzieherische Aufgabe: sie legt einen technischen Standard fest und erlaubt die freie Entfaltung der spontanen Bautätigkeit des Gemeinwesens. Die Bauteile können zu Einheiten von verschiedenem Format und verschiedener Gestalt in unendlichen Kombinationen zusammengebaut werden. Unendlich sind auch die Möglichkeiten, den Bau mit der räumlichen Umgebung zu verweben und ihn als Körper der Verschiedenheit von Boden und Vegetation anzupassen. Die neuen Wohneinheiten mit ihrer Veränderlichkeit und ihrer Fähigkeit, mit der Entwicklung ihrer Funktionen Schritt zu halten, werden zum lebendigen Ausdruck einer Gesellschaft werden, die sich dauernd organisiert und erschafft, indem sie die Realität erneuert, in der sie lebt. Der Architekt wird nur die Richtlinien und formalen Prinzipien dieser fortgesetzten und unbegrenzten Selbstschöpfung liefern, mit der endlich die ‹übermäßige und lebensfeindliche Mechanisierung› verschwinden wird.

Von 1940 ab widmet Gropius sich fast ausschließlich dem Studium der *new city patterns for the people and by the people*, dem typischen Ausdruck jener ‹schöpferischen Projektierung› (*creative design*) die sich als ein fortgesetztes Werden der Stabilität oder Monumentalität der räumlichen Gestaltung entgegensetzt. Aus dieser Periode stammen die mit Konrad Wachsmann ausgearbeiteten Projekte von Wohnhäusern, die aus Holzwänden binnen weniger Stunden und unter Verwendung elementarer Werkzeuge aufgebaut und abgebaut werden können, und die systematische Anlage einer Arbeiterkolonie in New Kensington (‹Aluminium Terrace›), die aus 250, auf einem verschiedenartigen und welligen Terrain frei verteilten Wohneinheiten besteht.

Erinnern wir uns an das systematische, gegliederte, konzentrische Schema der ‹Vorortsiedlung Törten› bei Dessau, wo jedes Haus fester

Besitz einer Familie war. In New Kensington, wo die Bauten nur leichte und bewegliche, in den Raum gestellte Scheidewände sind und die Wohnhäuser die Leichtigkeit und das Provisorische einer Hütte oder eines Pfahlwerkes haben, dient die Architektur nicht mehr dem Zweck, sich abzuschließen und zu isolieren, der eifersüchtigen, ausschließlichen Behauptung eines Raumbesitzes, sondern dem Zweck, in die Wirklichkeit einzugehen und in ihr zu leben, gleichsam physisch mit dem Raum zu verwachsen, einen Zusammenhang zwischen Arbeits- und Wohnort zu schaffen.

Es ist leicht, die neuesten Pläne von GROPIUS mit seiner städtebaulichen amerikanischen Erfahrung der ‹Satelliten-Städte› in Verbindung zu bringen; trotzdem bleiben die *greenbelt-towns* wirtschaftlich, administrativ, strukturell von den Metropolen abhängig, deren Wohnviertel sie bilden. Sie verbessern die hygienischen und sozialen Bedingungen der Wohnung, aber verändern nicht grundlegend die Arbeitsbedingungen und wirken nicht einschneidend auf die Struktur der Gesellschaft. Diese Nebenzentren sind den Meteoriten vergleichbar, die sich von einem Planeten loslösen und fortfahren, in seiner Sphäre zu kreisen, oder den kleinen Büschen, die rings um den Stamm eines hundertjährigen Baumes treiben. Doch GROPIUS Interesse gilt mehr der Bildung autonomer Kerne, dem Wachstum und der Organisation neuer Gemeinwesen, ihrer Verknüpfung mit den Maschen eines unbegrenzten sozialen Gewebes. Es handelt sich nicht darum, einen Aderlaß vorzunehmen, um den Blutandrang zu vermindern und die Existenz des alten Stadtkörpers zu verlängern, sondern darum, das Lebens- und Zeugungsprinzip neuer sozialer Organismen festzulegen.

Der Anlaß zu solchen Untersuchungen über entstehende Gemeinwesen ist wahrscheinlich in der breiten Bewegung der innerstaatlichen Wanderung zu suchen, die in den Vereinigten Staaten durch die Bedürfnisse der Kriegsindustrie hervorgerufen worden ist. Doch es ist bezeichnend, daß GROPIUS es ablehnt, diese großen Verschiebungen von arbeitenden Massen als eine Zufälligkeit anzusehen, die mit den Ursachen, die sie hervorgerufen haben, wieder verschwinden wird. Der Krieg, an dem GROPIUS von fern, aber mit leicht verständlicher Sorge teilnimmt, ist für ihn keine Parenthese des Wahnsinns, der die Rückkehr zur Vernunft folgt, er ist eine schwere Krise sozialer Umwälzung. Der Wiederaufbau darf nicht zur Wiederherstellung der gleichen sozialen Struktur führen, deren innere Widersprüche und deren Klassentrennung den Konflikt hervorgerufen haben. Eine der Hauptursachen dieser gefährlichen Unordnung ist der Mechanismus der kapitalistischen Gesellschaft: ‹alles basierte auf Wirtschaft und Industrie, und diese hat das menschliche Wesen degradiert, bis es schließlich nur noch als Werkzeug gebraucht wurde:

von hier aus nahm der schreckliche Kampf zwischen Kapital und Arbeit seinen Anfang›. Wie kann man das Gleichgewicht und das von Klassenkämpfen zerrissene soziale Gefüge wiederherstellen? Das menschliche Element wird der beherrschende Faktor der Wiederherstellung werden, man wird zum menschlichen Maßstab zurückkehren müssen, den die paradoxe Ausbreitung des Maschinismus zerstört hat. Man muß die Gegenwart der Maschine innerhalb der Tätigkeiten unseres Lebens ‹vermenschlichen›.

Auch die Stadt, der alte soziale Grundstein, auf den sich die Privilegien der Klassen gründen, die wir mit dem anmaßenden Namen der Tradition sanktionieren, wird eine tiefgehende Wandlung erfahren müssen. Wie MUMFORD und WRIGHT hält auch GROPIUS den Raum, die Größenordnung der modernen Metropole für ungeeignet zum Wohnen; sie verwehrt dem Bürger, in persönliche Beziehungen zu den Beamten zu treten, die er erwählt, sie setzt den mitleidlosen Mechanismus der Politik um der Politik willen in Bewegung, sie begünstigt die Spekulation und die Ausnutzung, sie versetzt das Individuum in einen trostlosen Zustand von ‹sozialer Einsamkeit›. Das Schicksal der alten Stadtzentren mit ihren ungeordneten, aber noch lebendig gebliebenen Funktionen kann nicht mit einem vereinfachenden ‹zurück zur Natur› entschieden werden. Vermenschlichen ist ein vager Ausdruck, und die monströse Größe der Metropole ist vielleicht nur ein ‹Menschlich-Allzumenschliches›: es ist vielmehr notwendig, sie zu moralisieren. Die vor der Verwirklichung stehenden Pläne für die Sanierung des gesamten Viertels, das den Hospitalkomplex ‹Michael Reese› von Chicago umgibt, beweisen, daß die These von den kleinen organischen Gemeinwesen nicht wie ein Dogma angenommen werden kann: auch die alten Städte können erneuert werden, indem man die sozial tätigen Kerne herausschält und sie zu Zentren der neuen Organisation erhebt. Die Stadt ist nicht nur das Zentrum eines großen Produktionssystems, vielmehr ist oft auch die bloße wirtschaftliche, an die Interessen der Klassen gebundene Funktion die Ursache übermäßiger Zentralisierung, der Spekulation, der Unordnung. Dagegen sind die kulturellen und Fürsorge-Einrichtungen wie jene, die auch dem Geist der Solidarität entspringen und ihn entwickeln helfen, sehr aktive Kräfte und darum besonders befähigt, den städtischen Raum planmäßig zu gestalten. Ein Krankenhaus, eine Schule, ein Zentrum für wissenschaftliche Forschung, ein Museum besitzt darum ein städtebauliches Potential, das dem eines großen industriellen Komplexes keineswegs unterlegen ist.

Die Leitsätze eines neuen Humanismus werden aus den für rein technisch gehaltenen Überlegungen hervorgehen: die Größe der neuen Siedlungskerne muß nach dem natürlichen Lebensrhythmus des Tages bemessen werden, nach Entfernungen, die zu Fuß zurückgelegt

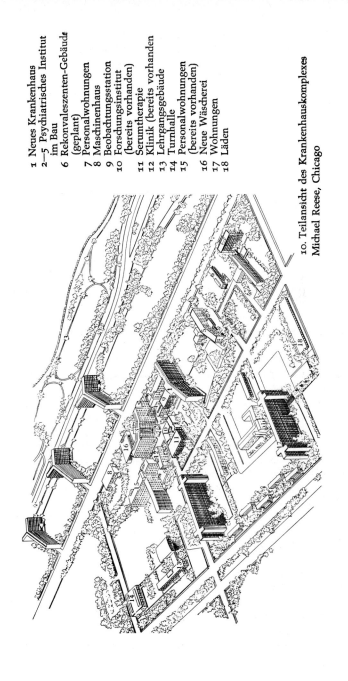

1 Neues Krankenhaus
2–5 Psychiatrisches Institut
    im Bau
6 Rekonvaleszenten-Gebäude
    (geplant)
7 Personalwohnungen
8 Maschinenhaus
9 Beobachtungsstation
10 Forschungsinstitut
    (bereits vorhanden)
11 Serumtherapie
12 Klinik (bereits vorhanden
13 Lehrgangsgebäude
14 Turnhalle
15 Personalwohnungen
    (bereits vorhanden)
16 Neue Wäscherei
17 Wohnungen
18 Läden

10. Teilansicht des Krankenhauskomplexes
Michael Reese, Chicago

werden können, die neuen Siedlungen werden sich organisch um die großen Verkehrsadern verteilen müssen, wie Blumen aus ein und demselben Stiel ernährt werden; der Unterricht wird als die oberste soziale und mit der Arbeit verbundene Aufgabe angesehen werden; die Verwaltung wird unabhängig sein, die Verbindung zwischen den einzelnen Siedlungskernen wird vom Rhythmus und vom Kreislauf der Produktion bestimmt werden. Die städtebauliche Planung ist nunmehr, im weitesten Sinne des Wortes, Planung der menschlichen Arbeit. Der Gegensatz von Stadt und Land, von Verstand und Gefühl, kann nicht mehr bestehen bleiben: die ganze Realität wird unterschiedslos eine Form annehmen und wird denselben Grad von Klarheit auch für die Arbeit der Menschen erstreben. Die Kultur wird in Wahrheit zu einer zweiten Natur werden.

Es ist nicht die — unmögliche — Rückkehr zum Patriarchalischen, zu der häuslichen Wirtschaft der vorindustriellen Periode beabsichtigt. Das Haus löst sich auf, verschwindet gleichsam in dem Aufbau der neuen Gesellschaft. Nachdem der größte Teil der früher der Familie obliegenden Pflichten der Gemeinschaft übertragen wurde und Schulen, Werkstätten, Hospitäler, Heime, Theater die erzieherischen, produktiven, der Erholung dienenden und die pflegerischen Funktionen erfüllen, die einst innerhalb der vier Wände des Hauses sich abspielten, ist dieses notwendigerweise beschränkter, weniger massiv, strukturell einfacher geworden. Auch aus diesem Grunde folgt der stabilen, massigen, formalen ‹Einzelschöpfung›, die ihre Gesetze von einem Autoritätsprinzip ableitete, das freie schöpferische Gestaltungsprinzip, das Ausdruck einer Aktivität ist: die reine Bestimmung, die unbegrenzte und ungeduldig bis an die Grenze der Formen ihres Bereichs gehende Projektion, der schematische Entwurf der großen Entwicklungslinien, die ideale planmäßige Ordnung der menschlichen Arbeit. Die Planung ist noch immer eine formale Gestaltungspädagogik, die Lehre des Bauhauses, doch weitgreifender und der sozialen Sphäre unmittelbarer verbunden.

Die Kunst ist also der vitale Faktor, der dem menschlichen Handeln den Kontakt mit der Realität und die Herrschaft über sie sichert. Sie ist zugleich Antrieb zum Fortschritt und Zügel gegenüber der künstlichen Steigerung ihrer Prozesse, der treibenden Zentrifugalkraft, die die Menschheit aufstachelt, aus dem ihr eigenen Lebenskreis herauszutreten.

Zweifellos gibt GROPIUS in seinem neuesten Gedankengang der Kunst das spiritualistische (sozusagen das religiöse) Element zurück, das er zuerst der industriellen Arbeit zugewiesen hatte. So aufgefaßt, ist die Baukunst abermals das Heilmittel für ein heimtückisches Leiden der zeitgenössischen Kultur, der Ausgleich für eine auflösende Gewalt, die immer noch im Innern der sozialen Struktur sich zu erzeugen fortfährt, ein Sieg über so viele träge und unfruchtbare Stockungen auf dem Grunde des Bewußtseins: ‹die zeitgenössische schöpferische Baukunst bedient sich triumphierend neuer Strukturen, die den Eindruck von Leichtigkeit, gleichsam des Schwebens, hervorrufen; hervorspringende Massen und aufgehängte Platten scheinen dem Gesetz der Schwerkraft zu widersprechen, und indem sie ein Gefühl von Offenheit der ganzen Welt gegenüber vermitteln, bieten sie große Glasflächen dar, die sich je nach Bedarf öffnen und schließen lassen. Volle Übereinstimmung zwischen dem inneren und äußeren Lebensraum ist erreicht. Es ist ein Unsinn, die moderne Architektur als eine rationalistische und wissenschaftliche Bewegung zu klassifizieren. Im Gegenteil, ihre Bahnbrecher haben ihre Bemühungen auf die Verschmelzung von Technik und Gefühl gerichtet, und zwar mehr mittels schöpferischer Intuition als mittels des Kalküls.›

Man kehrt dazu zurück, sie auch unter dem Vorwurf des architektonischen Internationalismus zu bekämpfen; man neigt dazu, ihren Ausdruck von den regionalen Bedingungen und heimatlichen Elementen abzuleiten. Doch die städtebauliche Planung ist keine rationalistische Ordnung, die dem Leben aufgezwungen wird, sondern die Ordnung, die das Leben in seinem Ablauf durch Raum und Zeit sich selbst gibt.

Der Akzent, der auf die Bedeutung der Intuition gelegt wird, berechtigt uns jedoch nicht zu dem Schluß, Gropius stehe heute, nachdem er ein Pionier des Industrialismus gewesen ist und ihn siegreich in den *hortus conclusus* der Kunst getragen hat, an der Spitze einer entgegengesetzten Bewegung, die danach strebt, die Industrie im Namen der Kunst zu entthronen. Da die bewegende Kraft des konstruktiven Willens, die Quelle der schöpferischen Empfindungen, das menschliche Handeln bleibt, ist die Kunst auch jetzt noch auf die Technik zurückführbar, doch nicht auf eine spezielle Technik, die die Technik künstlerischen Schaffens bedeuten würde, vielmehr auf die Technik im allgemeinen, als ein geordnetes geistiges Tun, als typische Äußerung der Aktivität des Lebens. Zu einem entgegengesetzten Vorwurf gibt der Eifer Anlaß, mit dem die moderne Kunst sich in alle Belange des bürgerlichen Lebens mischt. Nicht zu dem unmittelbaren praktischen Zweck einer Bequemlichkeit, die sich schließlich besser in trägem Sichabfinden mit veralteten Gewohnheiten befriedigen könnte, vielmehr um uns von jeder Gewohnheit loszulösen, uns der Erfahrung zu verpflichten, uns zu zwingen, nur dem Fortschritt zu leben. Was man heute von der Kunst verlangt, ist nicht mehr nur ein Sichanpassen an das moderne Leben, sondern dem Leben jenen Akzent von Neuheit, Aktualität, fortgesetzter Erneuerung zu verleihen, der eben der Akzent der Moderne ist.

Das Zurückgreifen von Gropius auf den intuitiven Charakter der

Kunst strebt vor allem danach, die geläufige Auffassung der ‹Technik› als bloßen Mechanismus zu modifizieren. Die Konzeption eines vom Industrialismus bedingten Lebens überwinden heißt jedoch nicht, zur individuellen Produktion zurückkehren (in diesem Punkt ist GROPIUS unnachgiebig), sondern nur die Grenze überwinden, die der Rationalismus der industriellen Produktion der menschlichen Schaffenskraft gesetzt hat; nur dies ist es, was man verlangt, wenn man davon spricht, die Maschine zu ‹humanisieren›, das unbegrenzte Maß, das das *repetitive work* den Menschen ermöglicht hat und in dem sich unweigerlich der Sinn für die Konkretheit der Wirklichkeit und des Lebens verlieren muß, auf einen menschlichen Maßstab zurückzuführen.

Die letzte Idee von GROPIUS ist die Vorstellung von einer Kunst, die die Kommandogewalt ergreift *(takes command)* über die reine Mechanik. Er hatte seine Tätigkeit als Künstler zu einem Zeitpunkt begonnen, als die Kunst ein Klassenprivileg war, eine konservative Macht, ein Werkzeug der politischen Leitung des Bürgertums, ein Ansporn des ‹Willens zur Macht›, zum Krieg. Damals hatte er die Meinung verfochten, daß die Kunst sich durch die Industrie, die an der Spitze des Fortschritts stand, umformen und durch diesen Kontakt die eigenen Ausdrucksmittel erneuern müsse. Später haben sich die Stellungen umgekehrt: die Welt hat umsonst die versprochene Glückseligkeit erwartet, sie hat von der ‹Maschinen-Kultur› nichts als Schaden und Not geerntet. Auch sie, die Industrie, hat sich als ein Klassenprivileg enthüllt, als ein Werkzeug der Herrschaft und der Unterdrückung, als eine auflösende, zerstörende Gewalt, als ein Hindernis des vitalen Fortschritts: als eine Art ‹ungeheuerlicher› Ökonomie. Aber es ist nutzlos, zu einer für immer verlorenen Natur zurückkehren zu wollen: die Industrie wird durch die jetzt gesundete Kunst gesunden, mit ihrer Hilfe ein menschliches Maß zurückgewinnen und die eigene überhitzte Produktivität zu einer wahren, positiv schöpferischen Tätigkeit zurückführen müssen.

So wird zwischen Kunst und Industrie eine Art Kreislauf entstehen: die Kunst ist zum schöpferischen Impuls geworden, der die übermäßige Mechanisierung korrigiert und die Arbeitsprozesse der industriellen Produktion im fortschrittlichen Sinn entwickelt, die sonst dazu neigen würden, sich bis ins Unendliche zu wiederholen; ihrerseits aber führt die Industrie die Eigenmächtigkeit der künstlerischen Erfindung zurück zur Einordnung in eine tatsächliche ökonomische Produktion, und außerdem wird sie durch den unbegrenzten Absatz der ‹künstlerischen› Produkte die in jedem Individuum latent vorhandenen schöpferischen Kräfte anspornen. Die Kunst wird um so schöpferischer werden und ihre erneuernde Kraft auf den sozialen Körper um so wirksamer entfalten können, je mehr sie auf die toten Inhalte des Geistes zu verzichten weiß, um dadurch die Struktur oder die aktiven Kräfte zu isolieren, die schließlich dieselben sind, welche die dauernde Evolution und Selbstschöpfung der Gesellschaft bestimmen. Der Kreislauf Kunst — Industrie, der alle wesentlichen Formen menschlicher Tätigkeit umfaßt und den Gegensatz zwischen Idee und Ausführung oder individueller geistiger und manueller kollektiver Arbeit aufhebt, vollendet den Übergang von individueller Geistigkeit zum Kollektivismus und realisiert die totale Integration von Einzelkräften und sozialen Kräften.

Heute gehören in allen Kulturländern zu den lebendigsten künstlerischen Phänomenen, die auch den Weg zum Aufbau einer neuen künstlerischen Tradition vorbereiten, zweifellos jene, die sich dem Kreislauf einordnen, dessen Bahnen GROPIUS als erster vorzeichnete. Dem Kreislauf, der in seiner Bahn das *planning* und das *industrial design* umfaßt: die städtebauliche Planung und den industriellen Entwurf.

Die große Lehre des Bauhauses beginnt nunmehr in Wirklichkeit das Leben der Menschen und das gesamte Aussehen der Welt zu verändern; die Samen, die in der Zeit nach dem Ersten Weltkrieg ausgestreut wurden, tragen nun nach einer noch traurigeren Erfahrung von Leid und Blut ihre Früchte. Die Idee, die dem Deutschland der Weimarer Republik als eine absurde und gefährliche Utopie erschien und die der Nazismus brutal auszurotten versuchte, wird heute wieder von allen denen, die aufrichtig einen neuen moralischen Wiederaufbau der menschlichen Gesellschaft erstreben, als eine gültige, begründete Hoffnung aufgenommen. GROPIUS, nunmehr über siebzig Jahre alt, der sich weise einer kämpferischen Stellungnahme enthält, hilft bei der Wiederaufrichtung seiner Idee in einer sehr viel ernsteren und dramatischen geschichtlichen Situation mit. Er wird nicht müde, daran zu erinnern, daß das Problem, obwohl es sich in wesentlich technischen Ausdrucksformen darstellt, doch ein wesentlich moralisches, ein geistiges Problem bleibt. Er scheut — auch dies ist ein Zeichen reifer Altersweisheit — vor ideologischen Ausschreitungen zurück. Er betont die Notwendigkeit, nicht über die Grenze eines klaren und bewußten Könnens hinauszugehen, in jeder geistigen oder manuellen Tätigkeit die Klarheit und Beharrlichkeit einer ‹Methode› festzuhalten. Doch diese ‹Methode› ist nicht nur eine logische Gedankenfolge: sie ist eine Methodik der Arbeit und des Lebens, ein Mittel, konkrete Probleme kühn anzugreifen und zu lösen. Und ob sie sich notwendigerweise in eine ‹Technik› umsetzt und Werke schafft, das hängt insbesondere von der moralischen Stärke des Impulses ab, der sie bestimmt. Denn die Voraussetzung aller geistigen Handelns ist doch immer die richtige Einschätzung der geschichtlichen Situation, die Erkenntnis eines Notstandes, der unser Eingreifen fordert und die Mittel dafür bestimmt. Heute ist GROPIUS auf dem unbegrenzten Gebiet der Gestaltungslehre das, was man auf einem ganz anderen, streng wissenschaftlichen Gebiet ‹Methodologe› nennt. Dieser ‹macht keine großen wissenschaftlichen Entdeckungen, die denen der wissenschaftlichen Philosophen vergleichbar wären ... Heute geht alles auf eine sehr verschiedene Weise vor sich. Die wissenschaftliche Arbeit hat einen mehr kollektiven als individuellen Charakter angenommen und jede große Entdeckung ist somit gebunden an die experimentellen Wege der Forschung, an die schon von der Wissenschaft in Besitz genommenen Entdeckungen, an die Theorien, in denen der Forscher das zur Diskussion stehende Problem formuliert usw., so daß der allgemeinen philosophischen Vorbildung des Wissenschaftlers kein erhebliches Gewicht mehr beigemessen werden kann. Es ist das technische Niveau der Umgebung, in der man arbeitet, dem eine entscheidende Bedeutung zukommt. Unter den verschiedenen kulturellen Faktoren, die dazu beitragen, das technische Niveau unentbehrlich zu machen, bildet einen der wichtigsten die methodologische Bewußtheit der wissenschaftlichen Operationen› (L. GEYMONAT, ‹Saggi di filosofia neorazionalistica›. Turin 1953, S. 29 f). Man braucht nur einige Begriffe auszutauschen, und diese Stelle wird uns eine Idee von der Aufgabe geben, die GROPIUS sich und zugleich auch dem modernen Architekten stellt.

Doch bis zu welchem Punkt ist diese Substitution berechtigt? Bis zu welchem Punkt ist es berechtigt, auf die Kunst wissenschaftliche Gedankengänge auszudehnen, deren Gültigkeit und Realisierbarkeit jedenfalls auch auf den anderen Gebieten der modernen Kultur nicht zu verkennen ist?

Verzichten wir darauf, die allgemeine ästhetische Frage zu diskutieren, die schließlich auf den alten Streit über die Geschichtlichkeit oder Ungeschichtlichkeit der Kunst herausläuft. Was aufzudekken uns interessiert, ist, daß das künstlerische und kritische Werk von GROPIUS, wie es in der Vergangenheit sich in dem Rahmen der phänomenologischen Idee einfügte, heute mit vollem Recht sich in den Rahmen jener Entwicklung einfügt, die sich ‹Neorationalismus› oder ‹Neoilluminismus› nennt. Diese Einordnung erklärt die zwei folgenden Tatsachen: die offensichtliche Beschränkung von GROPIUS' Forschung auf die technischen und formativen Arbeiten des *planning* und die Aufgeschlossenheit seiner Architektur für eine Reihe neuer formaler Werte, die offenbar verschieden sind und zuweilen sichtlich im Gegensatz stehen zu den Forderungen des früheren Rationalismus oder dem, was wir programmatischen Rationalismus nennen. Dabei leuchtet sofort ein, daß die Unterscheidung zwischen ‹rational› und ‹nicht-rational› nicht mit dem Unterschied von systematischer Logik und Intuition zusammenfällt, weil auch die Intuition eine ‹Technik› des menschlichen Denkens darstellt; und gerade diese nach innen gerichtete und unmittelbar arbeitende Technik und nicht die abgeleitete und angewandte Technik ist es, auf die sich jetzt GROPIUS' intensivste Forschung richtet. Die neuen Formen seiner Architektur, deren Grundriß immer freier wird, in der sich die Kurven mit den Geraden verbinden und die Reihe der verwendeten Materialien immer vielfältiger wird, und seine neuen Gedanken über die Flexibilität der städtebaulichen Planungen sind gerade das Resultat seiner Forschungen innerhalb dessen, was wir die unbegrenzte Phänomenologie der Konstruktivität nennen könnten. ‹Es steht dem nichts entgegen — bemerkt wiederum GEYMONAT —, daß die rationalen Techniken verbessert, vervollkommnet, ersetzt werden können; ihre Rationalität bedeutet nicht Absolutheit. Jede Absolutheit würde vielmehr einer Negation der Rationalität gleichkommen, weil sie einen Appell an etwas über uns Stehendes, etwas Transzendentes, Nicht-Menschliches bedeuten würde.› Das Wichtige ist jedoch, daß diese Techniken stets ein Werkzeug in den Händen der Menschen bleiben: ‹etwas, was er beherrscht, nicht etwas, von dem er beherrscht wird›. Für die Kunst gilt das gleiche wie für die Wissenschaft: Schaffen wie Forschen ist nur dann frei und führt zu positiven Resultaten, wenn es von einem festen Vertrauen, einem ‹programmatischen Glauben› an die eigenen Möglichkeiten getragen wird, und soll daher frei sein von jedem Vorurteil, jedem Mythos oder jeder Tradition, von jeder ehrfürchtigen Scheu vor gewissen, ‹unantastbaren Wahrheiten›. Dieses ‹programmatische› Vertrauen, dieser Forschungsdrang, der ganz besonders zum Wesen der Menschheit gehört, dieser Verzicht auf jeden Mythos oder jede Transzendenz, kurz diese Sozialität oder diese prinzipielle Weltlichkeit sind es, die das Charakteristikum von GROPIUS' ganzer Tätigkeit bilden, von 1910 bis heute: das, was ihn auch vor den faszinierendsten Mythen der modernen Kunst schützt: vor dem naturalistischen Mythologismus von WRIGHT wie vor dem rationalistischen Mythologismus VAN DOESBURGS.

Sollten wir darum aber seine Lehre für inaktuell erklären? In diesem Fall müßte man den Mut haben, bis zu den letzten Konsequenzen zu gehen: verneinen, daß die moderne Kultur noch in Beziehung zu der Überlieferung der Aufklärung steht, verneinen, daß der Rationalismus ein Wesenszug des menschlichen Denkens und Handelns ist, dann müßte man sich wieder unter die Herrschaft der ‹unantastbaren Wahrheiten› flüchten und selbst die Vorurteile und ‹Idole› wieder annehmen, von denen derartige Wahrheiten in keinem Fall zu trennen sind.

ANHANG

Im Werk von GROPIUS spielt die Publizistik eine wichtige Rolle; auch im Bauhaus war ihr großes Interesse entgegengebracht worden. Wir haben deshalb im folgenden ziemlich ausführlich GROPIUS' Schriften wie auch die Bauhaus-Publikationen aufgeführt. Diese Neigung, sich im geschriebenen Wort an die Öffentlichkeit zu wenden, hat nicht nur pädagogische Gründe, sie ist auch nicht vereinzelt und keine Randerscheinung innerhalb der Entwicklung der modernen Kunst. (Vgl. auch rde Bd. 19, WALTER HESS, ‹Dokumente zum Verständnis der modernen Malerei›.) Das Streben, die künstlerische Leistung und die künstlerischen Ziele durch das Wort sich selbst und anderen in klarer Bewußtheit deutlich zu machen, ist vielmehr mit ein Wesenszug des vielschichtigen Gefüges der modernen Kunst, der auch wichtige Aufschlüsse geben kann. Wir bringen deshalb einige Äußerungen des von ARGAN eingangs viel zitierten, erst allmählich in seiner vollen Bedeutung für die Moderne erkannten Kunsttheoretikers KONRAD FIEDLER, die schon nahe an spätere Gedanken der Künstler am Bauhaus heranführen; ferner eigene Äußerungen von GROPIUS zum Problem des Neuen Bauens.

1. BIOGRAPHISCHE DATEN

WALTER GROPIUS wurde in Berlin am 18. Mai 1883 geboren. Er entstammt einer Familie, in der im 18. und 19. Jahrhundert Maler, Architekten und Pädagogen häufig vertreten waren, und entschloß sich, wie sein Vater Architekt zu werden. Nach Abschluß seines Studiums in Berlin und München (1907) und ausgedehnten Studienreisen nach Spanien, Italien, Frankreich, England und Dänemark trat er in das Architekturbüro von PETER BEHRENS in Berlin ein. Seit 1910 als freier Architekt tätig, wurde er bald durch heute noch beachtenswerte Werke bekannt. Noch während des Ersten Weltkrieges (1918) berief ihn der Großherzog von Sachsen-Weimar auf Vorschlag HENRY VAN DE VELDES und als dessen Nachfolger zum Leiter der Großherzoglich-Sächsischen Kunstgewerbeschule und der Hochschule für bildende Künste nach Weimar. Aus beiden Instituten schuf er 1919 das Staatliche Bauhaus in Weimar, das er 1925 nach Dessau verlegte. Von 1928 bis 1934 war GROPIUS in Berlin wieder als freier Architekt tätig und ging dann nach London. 1937 folgte er einem Ruf an die Harvard University (Cambridge, Mass.). — GROPIUS hat in den USA viel gebaut; noch wichtiger aber ist der Einfluß, den er durch seinen großen Schülerkreis auf die Entwicklung der amerikanischen Architektur ausübt. Nach dem Zweiten Weltkrieg bildete er aus diesem

Schülerkreis ‹The Architects Collaborative› (‹TAC›) und realisierte damit ein ihm besonders am Herzen liegendes Ziel, in der Überzeugung, daß auch die besten Leute zum ‹Teamwork›, mit dem allein heute die großen Architekturaufgaben bewältigt werden können, regelrecht ausgebildet werden müssen.

2. WERKVERZEICHNIS

1906–1909	Arbeiterwohnhäuser in Pommern
1910–1911	Faguswerk (erster Abschnitt), Alfeld a. d. Leine (zus. mit ADOLF MEYER)
1911	Wohnhäuser in Wittenberg, Frankfurt/Oder
1913–1914	Krankenhaus in Alfeld a. d. Leine
	Diesellokomotive für eine Fabrik in Danzig
	Lagerhäuser in Friedland und Dramburg neben einer großen Zahl weiterer öffentlicher und privater Bauten
1914	Bürogebäude und Maschinenhalle einer Modellfabrik auf der Werkbund-Ausstellung in Köln (zus. mit ADOLF MEYER)
1921	Haus Sommerfeld, Berlin
	Wettbewerb für Arbeiterhäuser der Fabrik Hess in Erfurt
	Monument für die Gefallenen des März, Weimar
	Wettbewerb für einen Wolkenkratzer in Stahl und Glas für die ‹Chicago Tribune›
1922–1924	Umbau und Modernisierung des Staatstheaters in Jena
1923	Wohnhaus in Weimar
	Philosophische Akademie in Erlangen
	Faguswerk (zweiter Bauabschnitt), Alfeld a. d. Leine
	Altersheim, Alfeld
	Papierfabrik, Alfeld
1924	Haus Auerbach, Jena
	Haus Klitzing
	Grabmäler Reis und Mendel, Berlin
	Villa Hausmann, Bad Pyrmont
1925	Haus Benscheid, Alfeld
	Gestaltung der Spiegelglas-Ausstellung, Leipzig
	Gebäude in Dresden
	Sanatorium in Thüringen
1925–1926	Bauhaus-Gebäude, Dessau
	Wohnhäuser der Bauhaus-Lehrer
1926	Bebauungsplan der Vorstadt Törten-Dessau (erster und zweiter Bauabschnitt)
1927	Vorstadtsiedlung Törten-Dessau (dritter Bauabschnitt)
	Haus Ecke, Hamburg
	Konsumverein, Dresden
	Ausstellung in Stockholm, Wohnhäuser
	Haus Zuckerkandl, Jena
	Wohneinheiten in Köln

	Entwurf des ‹Totalen Theaters›
	Entwurf für das Museum in Halle
	Wochenendhaus in Holz
	Häuser Biesenhorst bei Berlin
1928	Haus Harnischmacher, Wiesbaden
	Haus Wolfen, Dessau
	Häuser in Merseburg
	Konsumverein, Törten-Dessau
	Haus Lewin, Berlin-Zehlendorf
	Vorstadtsiedlung Törten-Dessau (vierter Bauabschnitt)
	Arbeitsamt, Dessau
	Häuser der Siedlung Dammerstock, Karlsruhe
1929–1933	Karosserie-Entwürfe für Autos der Adler-Werke
1929	Wettbewerb für das Siedlungsprojekt Spandau-Haselhorst
	Typenmöbel für Arbeiter
	Wohnhäuser in Berlin
	Berufsschule in Berlin
	Ingenieurschule in Hagen (Wettbewerb 2. Preis)
	Wohnblöcke in Berlin-Siemensstadt
	Altersheim, Kassel
	Entwürfe für Reihenhäuser für die Reichsforschungsgesellschaft
1930	Werkbund-Ausstellung in Paris, Gemeinschaftsräume eines Hochhauses
	Entwürfe von Hochhäusern in Stahlskelettbauweise
	Gerichtsgebäude in Berlin
	Entwurf für das Theater in Charkow
	Gagfah-Häuser in Lindenbaum, Frankfurt/M.
1931	Deutsche Bau-Ausstellung in Berlin, Aufenthalts- und Gymnastikräume
	Sanatorium Erich Mendelsohn
	Grabmal Bienert, Dresden
	Entwurf für den Sowjet-Palast, Moskau
	Werkgebäude Voss, Hannover
	Metallwerkstätte
1932	Bauten für die Adlerwerke, Frankfurt
	Ausstellung ‹Das wachsende Haus›
	Clubgebäude in Buenos Aires
	Standardhäuser in Buenos Aires
1933	Werkgebäude A. Rosa, Barcelona
	Wettbewerb für die Reichsbank, Berlin
	Haus Bahner bei Berlin
	Haus Maurer, Berlin-Dahlem
1934	Ausstellung ‹Deutsches Volk — Deutsche Arbeit› (zus. mit J. SCHMIDT)
	Ausstellung ‹Nichteisenmetalle› (zus. mit J. SCHMIDT)
1936	Haus Benn Levy, London (zus. mit MAXWELL FRY)
1936–1937	Volksschule in Impington Village, England (zus. mit M. FRY)

1937	Entwurf für das Weaton-College-Art-Centre, Cambridge, Mass. (USA) (zus. mit MARCEL BREUER)
1938	Haus Gropius, Lincoln, Mass. (USA) (zus. mit M. BREUER)
1939	Haus Ford, Lincoln, Mass. (USA) (zus. mit M. BREUER)
1940	Haus Frank in Pittsburg, Penns. (USA) (zus. mit M. BREUER)
1941—1943	250 Wohneinheiten für Arbeiter in New Kensington (zus. mit M. BREUER)
1942	Haus Framingham, Mass. (USA)
1944	Juweliergeschäft, New York
1946	Versuche für Serienhäuser in Plattenbauweise (zus. mit KONRAD WACHSMANN)
1947	Bebauungsplan des Michael Reese Hospital, Chicago
1948—1951	Neuordnung des Harvard University Centre (‹The Architects Collaborative› TAC)
1948	Entwurf der Universität Hua Tung in Shanghai (‹TAC›)
1950	Harvard Graduate Centre, sieben Wohnblöcke (‹TAC›)
1951	‹Peter Tacher Junior›-Schule, Attleboro, Mass. (‹TAC›)
1952	Volksschule in der Killey Ave. in Warwick, Rhode Island, (‹TAC›)
	Volksschule ‹Norwood› in Warwick, Rhode Island (‹TAC›)
1953	Bürogebäude ‹McCormick Estate›, Chicago (zus. mit ARTHUR MYHRUM)
	Boston Center, Boston (zus. mit PIETRO BELLUSCHI, HUGH STUBBINS, CARL KOCH, WALTER BOGNER)
1954	New England Shopping Centre, Sangus, Mass. (zus. mit KETCHUM, GIND, SHARP)
	Volksschule in der Flagg Street, Worcester, Mass. (zus. mit ALBERT J. ROY)
	Volksschule für das ‹Collier's Magazine› (veröffentlicht in ‹Collier's Magazine› 1954)
1955	Volksschule in Waltham, Mass. (‹TAC›)
	Junior High School in South Attleboro, Mass. (‹TAC›)
	Klinik für Erkrankungen des Thorax, Boston, Mass (‹TAC›)
1956	Volksschule, West Bridgewater, Mass. (‹TAC›)
	Defence Housing, Otis Air Force Base, Falmouth, Mass. (‹TAC›)

3. DIE WICHTIGSTEN SCHRIFTEN VON WALTER GROPIUS

Bücher

1923	Idee und Aufbau des Staatlichen Bauhauses, Bauhausverlag Weimar-München
1925	Internationale Architektur, ‹Bauhausbücher› Nr. 1, München, 2. Aufl.
1927	Neue Arbeiten in Bauhauswerkstätten, ‹Bauhausbücher› Nr. 7, München
1930	Bauhausbauten in Dessau, ‹Bauhausbücher› Nr. 12, München

1935 The New Architecture and the Bauhaus, Faber & Faber, London
1938 Bauhaus (zus. mit H. BAYER u. ISE GROPIUS), hg. vom Museum of Modern Art, New York
1945 Rebuilding our Communities, Verlag P. Theobald, Chicago
1955 Scope of Total Architecture, Harper and Brothers, New York; deutsche Ausgabe bei S. Fischer, Frankfurt, unter dem Titel: Architektur, Wege zu einer optischen Kultur (1956)
Bauhaus 1919–1928. (hg. von H. BAYER, W. u. ISE GROPIUS) Stuttgart 1955

Aufsätze

1913 Die Entwicklung moderner Industriebaukunst. Jahrb. des Deutschen Werkbunds, 1913, S. 17–22, m. Abb.
1919 Manifest zur Eröffnung des Staatlichen Bauhauses in Weimar
1925 Neue Baugesinnung, Zschr. ‹Innendekoration› Bd. 36, S. 134
1926 Das flache Dach, Zschr. ‹Bauwelt› Bd. 17, S. 162–168, 223–227, 361
1927 Systematische Vorarbeit für rationellen Wohnungsbau, Zschr. ‹Bauwelt› Bd. 18, S. 197 f
1928 Staffelung der Energien. Von der neuen Einstellung zur Arbeit. Zschr. ‹Innendekoration› Bd. 39, S. 478
1929 Bebauungsplan und Wohnformen der Dammerstock-Siedlung. Zschr. ‹Baugilde› Bd. 11, S. 1658
Stahlbau, Zschr. ‹Bautechnik, Beilage Stahlbau› Bd. 7, S. 84
Nichteisenmetalle, die Baustoffe der Zukunft, Zschr. ‹Metallwirtschaft› Bd. 8, S. 88–91
1930 Flach-, Mittel- oder Hochbau? Vortrag auf dem III. Internationalen Kongreß für moderne Architektur (CIAM)
1934 Theaterbau, Vortrag zur IV. ‹Volta-Tagung› in Rom, Atti della Reale Accademia d'Italia
The formal and technical problems of Architecture and Planning, ‹A.I.A. Journal› im Mai
The role of the reinforced concrete in the development of modern Constructions, ‹The concrete Way› Sept.–Oktober
1935 Estratti dagli scritti di Gropius, ‹Quadrante›, Mailand
1937 Architecture at Harvard University, ‹Architectural Record›.
Essential for Creative Design, ‹The Octagon› (A. I. A.) Juli.
Education towards Creative Design, ‹American Architects and Architecture› Mai
1938 Toward a Living Architecture, ‹American Architects and Architecture› Jan.–Februar
1939 Stichwort ‹Architecture for education›, Encyclopaedia Britannica
1940 Contemporary Architecture and Training the Architect, in ‹Architectural Forum› März
1941 Three House Types, Defence House at New Kensington, ‹Architectural Forum› Oktober
1942 The new City pattern for the people and by the people. The Problem of the Cities and Towns. Conference on Urbanism, Harvard University

1943   Prefabrication System designed by General Panel Corp., ‹Architec-
        tural Record› April
        Housing in Framingham, Mass., ‹Architectural Forum› Juni
        A program for City reconstruction, ‹Architectural Forum› Juli
        The architects contribution to the post-war reconstruction, ‹Bay State
        Builder›
1944   Aluminium Terrace Housing, New Kensington Settlement, ‹Archi-
        tectural Forum› Juli
1945   Practical Field experience in Building to be an integral part of an Ar-
        chitect Training, ‹Bay State Builder› Juli
1946   Principles of Modern Design, ‹Agnes Scott Alumnae Quarterly›
1947   Design Topics, ‹Magazine of Art› Bd. 40, Dezember
1948   Teaching the Arts of Design, ‹College Art Journal› Frühjahr
1954   Eight steps toward a solid architecture, ‹Architectural Forum›
1955   Mastery of Space and Techniques, ‹Progressive Architecture›, New
        York
        Gestaltung von Museumsgebäuden, ‹Jahresring› Stockholm

4. DIE PUBLIKATIONEN DES BAUHAUSES

1919   Programm des Staatlichen Bauhauses in Weimar (Mit einem
            Vorwort von W. GROPIUS)
1921   Zwölf Holzschnitte von FEININGER, Weimar
            Neue europäische Graphik:
            Erste Mappe: Meister des Staatl. Bauhauses in Weimar
            (14 Holzschnitte, Lithographien und Radierungen von FEININ-
            GER, ITTEN, KLEE, MARCKS, MUCHE, SCHLEMMER, SCHREYER)
            Dritte Mappe: Deutsche Künstler (14 Lithographien, Holz- und
            Linolschnitte von BAUER, BAUMEISTER, CAMPENDONK, DEXEL,
            FISCHER, VON HEEMSKERK, HOETGER, MARC, SCHWITTERS, STUK-
            KENBERG, TAPP, WAVER)
            Vierte Mappe: Italienische und Russische Künstler (11 Radie-
            rungen und Lithographien von ARCHIPENKO, BOCCIONI, CARRÀ,
            CHAGALL, DE CHIRICO, GONTCHAROWA, JAWLENSKY, KANDINSKY,
            LARIONOV, PRAMPOLINI)
            Fünfte Mappe: Deutsche Künstler (13 Radierungen, Lithogra-
            phien, Holz- und Linolschnitte von BECKMANN, BURCHARTZ,
            GLEICHMANN, GROSZ, HECKEL, KIRCHNER, KOKOSCHKA, KUBIN,
            MENSE, PECHSTEIN, ROHLFS, SCHARFF, SCHMIDT-ROTLUFF)
1922   Satzungen des Staatlichen Bauhauses in Weimar (Enthält: a)
            Lehrordnung, b) Verwaltungsordnung, c) vier Anhänge über
            die Prüfungsordnung, Lehrkräfte, Lehrgebiete etc.)
            KANDINSKY, Kleine Welten: Zwölf Blatt Original-Graphik (ge-
            druckt im Bauhaus für den Propyläen-Verlag)
            Ausstellung von Arbeiten der Gesellen und Lehrlinge im
            Staatl. Bauh., Weimar (April–Mai)
1923   Das Wielandslied der alten Edda, hg. von K. SIMROCK mit 10
            Holzschnitten von G. MARCKS

123

	Staatliches Bauhaus Weimar 1919–1923, 226 S., 147 Abb., 20 Farbtaf., Typographische Anordnung von L. MOHOLY-NAGY, Einbandentwurf von H. BAYER, mit Beiträgen von GROPIUS, KLEE und KANDINSKY
1924	Sondernummer der Zeitschrift ‹Junge Menschen›, Hamburg, Bd. 5, Nr. 8 mit Artikeln der Studenten des Bauhauses Presse-Stimmen (Auszüge) für das St. B., Weimar, 72 S., mit zwei Nachträgen: Nachtrag zu den Pressestimmen: März–April; Kundgebungen für das St. B., Oktober
1926	Bauhaus Dessau. Prospekt, gestaltet von H. BAYER Bauhaus-Heft. Sondernummer der Zeitschrift ‹Offset-, Buch- und Werbekunst›, Leipzig, Nr. 7 (mit Beiträgen von GROPIUS, BAYER, STÖLZL, SCHLEMMER. Einband von JOOST SCHMIDT)
1929	Bauhaus. Prospekt, mit Artikeln von KLEE, KANDINSKY, ALBERS, PETERHANS, RIEDEL, MAYER; Lehrprogramm Katalog der Bauhaus-Ausstellung in Basel
1925—1930	Bauhausbücher. Serie herausgegeben von W. GROPIUS und L. MOHOLNY-NAGY, verlegt bei Albert Langen, München:

1. WALTER GROPIUS, Internationale Architektur, 1925; 2. Auflage 1927
2. PAUL KLEE, Pädagogisches Skizzenbuch, 1925; 2. Aufl. 1928
3. ADOLF MEYER, Ein Versuchshaus des Bauhauses in Weimar, 1925
4. OSKAR SCHLEMMER, Die Bühne im Bauhaus, 1925
5. PIET MONDRIAN, Neue Gestaltung, Neoplastizismus, Nieuwe beelding, 1925
6. THEO VAN DOESBURG, Grundbegriffe der neuen Gestaltenden Kunst, 1925
7. WALTER GROPIUS, Neue Arbeiten der Bauhauswerkstätten, 1925
8. L. MOHOLY-NAGY, Malerei, Photographie, Film, 1925; 2. Aufl. 1927
9. W. KANDINSKY, Punkt und Linie zu Fläche: Ein Beitrag zur Analyse der malerischen Elemente, 1926; 2. Aufl. 1927
10. J. J. P. OUD, Holländische Architektur, 1926; 2. Aufl. 1929
11. K. MALEWITSCH, Die gegenstandslose Welt: Begründung und Erklärung des russischen Suprematismus, 1927
12. WALTER GROPIUS, Bauhausbauten in Dessau, 1930
13. A. GLEIZES, Kubismus, 1928
14. L. MOHOLY-NAGY, Vom Material zur Architektur, 1929; engl. Übersetzung von D. M. HOFFMANN, The new vision, New York

1926—1931	‹Bauhaus: Zeitschrift für Gestaltung›, hg. von GROPIUS und MOHOLY-NAGY bis 1928, von MEYER und KALLAI bis 1929, von HILBERSHEIMER, ALBERS und KANDINSKY bis 1931

5. Texte

Konrad Fiedler

Man eifert mit Recht dagegen, daß die Künste sich dem Sittengesetz unterordnen sollen; Goethe schreibt an Mayer 1796: ‹es wäre besser, daß man ihnen (den Künsten) gleich einen Mühlstein an den Hals hinge und sie ersäufte, als daß man sie nach und nach ins Nützliche absterben ließe›. Dies aber will niemand sehen, daß die Forderung, der Schönheit zu dienen, ebenfalls einem Mühlstein gleicht, der die Künste zum Untergang in die praktischen Zwecke des Lebens niederzieht. Denn man mag sich stellen, wie man will, die Schönheit hat ihr einziges Dasein in einer subjektiven Lustempfindung, und es ist mehr angenehm und bequem als verdienstlich, seine Kräfte der Kultivierung dieser ästhetischen Empfindung zu widmen. Der Schönheit dienen, Schönheit suchen, nach Schönheit streben klingt zwar sehr erhaben, erhebt sich aber doch nicht sehr über alle die niedrigen Triebe des Menschen, die auf nichts anderes hinausgehen, als das Leben angenehm zu machen. Das Gute und das Schöne reduziert sich im Grunde auf das Nützliche und das Angenehme. Wahrheit und Erkenntnis stehen allein dem allen als einzig würdiger Beruf des Menschen gegenüber, und wenn man der Kunst einen Platz unter den höchsten Bestrebungen einräumen will, so kann man ihnen als Ziel nur das Streben nach Wahrheit, die Förderung der Erkenntnis zuweisen. Dies ist, solange sich die Welt mit den Künsten beschäftigt hat, noch niemals ausgesprochen worden, und doch beruht hierauf allein die der Kunst würdige Stellung im Leben.

(Aphorismus Nr. 8. Aus: Konrad Fiedler. Herausgegeben von Hermann Konnerth, Bd. II, Nachlaß, S. 8 ff.)

So hat es die Kunst nicht mit Gestalten zu tun, die sie vor ihrer Tätigkeit und unabhängig von derselben vorfindet, sondern Anfang und Ende ihrer Tätigkeit liegt in der Schaffung der Gestalten, die durch sie überhaupt erst zum Dasein gelangen. Was sie schafft, ist nicht eine zweite Welt neben einer anderen, die ohne sie existiert, sie bringt vielmehr überhaupt erst die Welt durch und für das künstlerische Bewußtsein hervor. Und so hat sie es auch nicht mit einem Materiale zu tun, das schon irgendwie zum geistigen Besitz des Menschen geworden wäre; was schon irgend einem geistigen Prozesse unterlegen hat, ist für sie verloren; denn sie selbst ist ein Prozeß, durch den der geistige Besitz der Menschen unmittelbar bereichert wird; das vom menschlichen Geiste noch Unberührte ist es, was ihre Tätigkeit erregt, für das, was noch in keiner Weise für den menschlichen Geist existiert, schafft sie die Form, unter der es für den menschlichen Geist zum Dasein gelangt. Sie geht nicht vom Gedanken, vom geistigen Produkte aus, um zur Form, zur Gestalt hinabzusteigen, vielmehr steigt sie vom Form- und Gestaltlosen zur Form und Gestalt empor, und auf diesem Wege liegt ihre ganze geistige Bedeutung.

Im Künstler gelangt ein eigentümliches Weltbewußtsein zur Entwicklung.

(Über die Beurteilung von Werken der bildenden Kunst, 1876. Aus: Konrad Fiedler, a. a. O., Bd I, S. 52 f.)

So haben diejenigen ebenso Unrecht, welche behaupten, daß der Künstler nur dann in den Grenzen der Wirklichkeit und Wahrheit bleibe, wenn seine Gebilde in sklavischer Treue das ausdrücken, was in dem Durchschnittsbewußtsein der Menge die Wirklichkeit ist, wie auch diejenigen, welche den Künstler aus den Grenzen der Wirklichkeit hinausweisen und ihm, indem sie ihn zu befreien meinen, neue Fesseln anlegen ... Wenn die Künstler die Enge der Wirklichkeit sprengen, in der sie von Gewohnheit und Überlieferung festgehalten werden, so tun sie dies aus der innersten Überzeugung, daß dies eben die Wirklichkeit nicht sei, die ihnen von anderen gezeigt wird; sie tun es im Bewußtsein der Kraft, die ihrem Blick und ihrem Geiste die Welt in ganz anderer und neuer Fülle, Klarheit und Bestimmtheit erstehen läßt. Sie werden inne, daß sie die Wirklichkeit, die vor ihren Blicken schwindet, nicht anders bannen, zur Bestimmtheit und Dauer zwingen können, als in ihrer eigenen zu immer entwickelterem Ausdruck sich steigernden geistigen Tätigkeit.

(Moderner Naturalismus und künstlerische Wahrheit, 1881. Aus: Konrad Fiedler, a. a. O., Bd I, S. 176.)

Walter Gropius

Das Endziel aller bildnerischen Tätigkeit ist der Bau! Ihn zu schmükken war einst die vornehmste Aufgabe der bildenden Künste, sie waren unablösliche Bestandteile der großen Baukunst. Heute stehen sie in selbstgenügsamer Eigenheit, aus der sie erst wieder erlöst werden

Titelholzschnitt von Lionel Feininger zum Bauhaus-Manifest 1919

können durch bewußtes Mit- und Ineinanderwirken aller Werkleute untereinander. Architekten, Maler und Bildhauer müssen die vielgliedrige Gestalt des Baues in seiner Gesamtheit und in seinen Teilen wieder kennen und begreifen lernen, dann werden sich von selbst ihre Werke wieder mit architektonischem Geiste füllen, den sie in der Salonkunst verloren.

Die alten Kunstschulen vermochten diese Einheit nicht zu erzeugen, wie sollten sie auch, da Kunst nicht lehrbar ist. Sie müssen wieder in der Werkstatt aufgehen. Diese nur zeichnende und malende Welt der Musterzeichner und Kunstgewerbler muß endlich wieder eine bauende werden. Wenn der junge Mensch, der Liebe zur bildnerischen Tätigkeit in sich verspürt, wieder wie einst seine Bahn damit beginnt, ein Handwerk zu erlernen, so bleibt der unproduktive ‹Künstler› künftig nicht mehr zu unvollkommener Kunstübung verdammt, denn seine Fertigkeit bleibt nun dem Handwerk erhalten, wo er Vortreffliches zu leisten vermag.

Architekten, Bildhauer, Maler, wir alle müssen zum Handwerk zurück! Denn es gibt keine ‹Kunst von Beruf›. Es gibt keinen Wesensunterschied zwischen dem Künstler und dem Handwerker. Der Künstler ist eine Steigerung des Handwerkers. Gnade des Himmels läßt in seltenen Lichtmomenten, die jenseits seines Wollens stehen, unbewußt Kunst aus dem Werk seiner Hand erblühen, die Grundlage des Werkmäßigen aber ist unerläßlich für jeden Künstler. Dort ist der Urquell des schöpferischen Gestaltens.

Bilden wir also eine neue Zunft der Handwerker ohne die klassentrennende Anmaßung, die eine hochmütige Mauer zwischen Handwerkern und Künstlern errichten wollte! Wollen, erdenken, erschaffen wir gemeinsam den neuen Bau der Zukunft, der alles in einer Gestalt sein wird: Architektur und Plastik und Malerei, der aus Millionen Händen der Handwerker einst gen Himmel steigen wird als kristallenes Sinnbild eines neuen kommenden Glaubens.

(Manifest zur Eröffnung des Staatlichen Bauhauses in Weimar, April 1919.)

... In dem vergangenen Zeitabschnitt versank die Kunst des Bauens in einer sentimentalen, ästhetisch dekorativen Auffassung, die ihr Ziel in äußerlicher Verwendung von Motiven, Ornamenten und Profilen meist vergangener Kulturen erblickte, die ohne notwendige innere Beziehung den Baukörper bedeckten. Der Bau werde so zu einem Träger äußerlicher, toter Schmuckformen herabgewürdigt, anstatt ein lebendiger Organismus zu sein. Die unerläßliche Verbindung mit der fortschreitenden Technik, ihren neuen Baustoffen und neuen Konstruktionen verlor sich in diesem Niedergang, der Architekt, der Künst-

ler blieb, ohne die souveränen Möglichkeiten der Technik zu beherrschen, im akademischen Ästhetentum hängen, ward müde und konven-
tionsbefangen, und die Gestaltung der Städte und der Behausung ent-
glitt ihm. Diese formalistische Entwicklung, die sich in den schnell hin-
tereinander ablösenden ‹Ismen› der vergangenen Jahrzehnte spiegelte,
scheint ihr Ende erreicht zu haben. Eine neue wesenhafte Baugesinnung entfaltet sich gleichzeitig in allen Kulturländern. Die Erkenntnis wächst, daß ein lebendiger Gestaltungswille, in der Gesamtheit
der Gesellschaft und ihres Lebens wurzelnd, alle Gebiete menschlicher
Gestaltung zu einheitlichem Ziel umschließt — im Bau beginnt und
endet. Folge dieses veränderten und vertieften Geistes und seiner
neuen technischen Mittel ist eine veränderte Baugestalt, die nicht um
ihrer selbst willen da ist, sondern aus dem Wesen des Baues entspringt, aus seiner Funktion, die er erfüllen soll. Die vergangene
Epoche des Formalismus verkehrte den natürlichen Satz, daß das
Wesen eines Baues seine Technik bestimmt und dieser wieder seine
Gestalt, sie vergaß das Wesentliche und Ursächliche über Äußerlich-
keiten der Form und über den Mitteln ihrer Darstellung. Aber der
neue Gestaltungsgeist, der sich langsam zu entwickeln beginnt, geht
wieder auf den Grund der Dinge: um ein Ding so zu gestalten, daß es
richtig funktioniert, ein Möbel, ein Haus, wird sein Wesen zuerst
erforscht. Die *Wesensforschung* eines Bauwerks ist ebenso an die
Grenzen der Mechanik, Statik, Optik und Akustik gebunden, wie
an die Gesetze der Proportion. Die Proportion ist eine Angelegenheit
der geistigen Welt, Stoff und Konstruktion erscheinen als ihre Träger, mit Hilfe derer sie den Geist ihres Meisters manifestiert; sie ist
gebunden an die Funktion des Baues, sagt über sein Wesen aus und
gibt ihm erst die Spannung, das eigene geistige Leben über seinen
Nützlichkeitswert hinaus. Zwischen einer Vielheit gleichmäßig ökonomischer Lösungsmöglichkeiten — es gibt deren viele für jede Bau-
aufgabe — wählt der schaffende Künstler innerhalb der Grenzen, die
ihm seine Zeit steckt, nach persönlichem Empfinden die ihm gemäße
aus. Das Werk trägt infolgedessen die Handschrift seines Schöpfers.
Aber es ist irrig, daraus die Notwendigkeit zur Betonung des Individuellen um jeden Preis zu folgern. Im Gegenteil, der Wille zur Entwicklung eines *einheitlichen* Weltbildes, der unsere Zeit kennzeichnet,
setzt die Sehnsucht voraus, die geistigen Werte aus ihrer individuellen Beschränkung zu befreien und sie zu *objektiver* Geltung empor-
zuheben. Dann folgt die Einheit der äußeren Gestaltungen, die zur
Kultur führen, von selbst nach. In der modernen Baukunst ist die
Objektivierung von Persönlichem und Nationalem deutlich erkennbar. Eine durch *Weltverkehr* und *Welttechnik* bedingte Einheitlich-
keit des modernen Baugepräges über die natürlichen Grenzen, an die
Völker und Individuen gebunden bleiben, hinaus bricht sich in allen

Kulturländern Bahn. Architektur ist immer national, immer auch individuell, aber von den drei konzentrischen Kreisen — Individuum — Volk — Menschheit — umspannt der letzte größte auch die beiden anderen. Ein neuer Wille wird spürbar, die Bauten unserer Umwelt aus innerem Gesetz zu gestalten ohne Lügen und Verspieltheiten, ihren Sinn und Zweck aus ihnen selbst durch die Spannung ihrer Baumassen zueinander funktionell zu verdeutlichen und alles Entbehrliche abzustoßen, das ihre absolute Gestalt verschleiert. Die knappe Ausnutzung von Zeit, Raum, Stoff und Geld in Industrie und Wirtschaft bestimmt entscheidend die Faktoren der Gesichtsbildung für alle modernen Bauorganismen: Exakt geprägte Form, Einfachheit im Vielfachen, Gliederung aller Baueinheiten nach den Funktionen der Baukörper, der Straßen und Verkehrsmittel, Beschränkung auf typische Grundformen und ihre Reihung und Wiederholung. Die Baumeister unserer Zeit bejahen die heutige Welt der Maschinen und Fahrzeuge und ihr Tempo, sie streben nach immer kühneren Gestaltungsmitteln, um die Erdenträgheit in Wirkung und Erscheinung schwebend zu überwinden.

(Gekürztes Vorwort zu ‹Internationale Architektur›. In: Bauhausbücher Nr. I, Verlag Albert Langen, München 1925.)

ÜBER DEN VERFASSER

GIULIO CARLO ARGAN, 1909 in Turin geboren, promoviert 1931 bei LIONELLO VENTURI an der Turiner Universität in Kunstgeschichte. 1934 wird er dort Privatdozent für mittelalterliche und neuere Kunstgeschichte. Als Direktor des Museums in Modena tritt er in die Verwaltung des staatlichen Kunstbesitzes ein und wird später in das Ministerium für Unterricht berufen. 1955 wird er Professor für mittelalterliche und neuere Kunstgeschichte an der Universität Palermo und folgt 1959 einem Ruf auf den Lehrstuhl für moderne Kunstgeschichte an der Universität Rom, den er noch innehat.

Wichtige Veröffentlichungen:

Außer dem vorliegenden Buch über das Bauhaus hat er wichtige Monographien über MARCEL BREUER und PIER LUIGI NERVI geschrieben. Zur Kunst der Renaissance verfaßte er Monographien über BRUNELLESCHI (Mailand 1955) und FRA ANGELICO (Skira 1956); aus dem Bereich der Barockkunst: ein Buch über FRANCESCO BORROMINI (Rom 1952) und eine Geschichte der Barockarchitektur in Italien (Mailand 1957). Aus seinen zahlreichen Veröffentlichungen über die moderne Kunst ist ein Teil der kritischen Abhandlungen in dem Buch ‹Studi e Note› (Rom 1955) zusammengefaßt.

LITERATURHINWEISE

ADLER, L., Neuzeitliche Miethäuser und Siedlungen, Berlin 1931

ARGAN, G. C., Introduzione a Gropius, Zschr. ‹L'immagine› 1949
Die Stichworte ‹Bauhaus› und ‹Gropius› in der Enciclopedia Italiana. 2. Nachtrag

ARKIN, D., Modern western architecture, Moskau 1932

BAUER, C., Modern housing, Houghton Mifflin Co., Boston 1934

BEHRENDT, W., Modern building, its nature, problems and forms, Harcourt-Brace Co., New York 1937

BLOCK, F., Probleme des Bauens: Der Wohnbau. (Walter Gropius, Der Architekt als Organisator der mod. Bauwirtschaft u. seine Forderungen an die Industrie.) Potsdam 1928

CASTEELS, M., L'art moderne primitif, Paris 1930

Congrès Internationaux d'Architecture Moderne (CIAM), eine Vereinigung moderner Architekten, die seit 1928 mit mehreren Veröffentlichungen Einfluß auf die Entwicklung des Neuen Bauens gewann

CREIGHTON, T. H., Building for modern man. (W. G., In search of a common denominator: Prefabrication)

DORNER, A., The way beyond ‹art›, New York 1947

FORD, J., u. K. M., Modern house in America

General Panel Corporation. Prefabricated, demontable packaged building system, New York 1944

GIEDION, S., Walter Gropius, Paris 1931

—, Space, Time and Architecture, Cambridge 1941

—, Walter Gropius, Mensch und Werk, Stuttgart 1954; mit Übersetzungen ins Engl., Franz., Ital.

HITCHCOCK, H. R., u. P. JOHNSON, The international style: architecture since 1922, New York 1932

—, Modern architecture, (W. G. auf S. 57—70), Museum of Modern Art, New York 1932

—, Architecture, Nineteenth and Twentieth Centuries, Pelican History of Art 1958

Internationale Kongresse für neues Bauen. Frankfurt 1930

ITTEN, JOHANNES, Kunst der Farbe. Ravensburg 1961

JOEDICKE, J., Geschichte der modernen Architektur. Stuttgart 1958

KOKUSAI, KENTIKU-KYOKAI, Walter Gropius, Tokio 1954

LODDERS, R., Industriebau u. Architekt und ihre gegenseitige Beeinflussung, Hamburg 1946

MORETTI, B., Teatri, Mailand 1932

Museum of Modern Art. Built in USA, New York 1944

Museum of Modern Art. Guide of Modern Architecture, New York 1940

PEVSNER, N., Pioneers of the modern movement. London 1936; 2. Aufl.: Pioneers of modern design. New York 1949; deutsch: Wegbereiter moderner Formgebung. rde Bd. 33, Hamburg 1957

—, An outline of European architecture. 2. Aufl. London 1948

PLATZ, G., Die Baukunst der neuesten Zeit, Berlin 1930

Princeton University. Bicentennial conference on planning man physical environment. (W. G.: In search of a common denominator of design), 1947

RAMELLI U. CASSI, Edifici per gli spettacoli, Mailand 1948
READ, H., Art and Industry, London 1934
Reale Accademia d'Italia. Fondazione Volta, Convegno di lettere, 8.—14. Oktober 1934. (W. G.: Das totale Theater)
Reese Michael Hospital. A proposed housing program, Chicago 1946
RICHARDS, J. M., An introduction to modern architecture, Penguin books 1940; 29. Aufl. 1947
ROSENTHAL, R., The story of modern applied art
SARTORIS, A., Gli elementi dell'architettura funzionale, 2. Aufl. Mailand 1944
—, Encyclopédie de l'architecture nouvelle, Mailand 1948
Société Belge des Urbanistes et Architectes Modernistes 1937. (Walter Gropius)
THIEME-BECKER, Allgemeines Lexikon der bildenden Künstler (W. Gropius)
TAUT, B., Modern architecture, London 1929
WAGNER, M., Das wachsende Haus, Stuttgart 1932
WASMUTHS Lexikon der Baukunst, Bd. II, Berlin 1930
ZEVI, B., Verso un'architettura organica, Turin 1945
—, Storia dell'architettura moderna, Turin 1950

PERSONEN- UND SACHREGISTER

Personenregister

Albers, J. 24, 35 f, 95, 124
Alberti, L. B. 61
Archipenko, A. 123
Argan, G. C. 118, 131

Bauer, H. 123
Baumeister, W. 123
Bayer, H. 122, 124
Beckmann, F. 123
Behrens, P. 16 f, 21, 59, 118
Behrman, S. N. 33 (Fußn.)
Belluschi, P. 121
Berenson, B. 33
Bergson, H. 46
Boccioni, U. 123
Bogner, W. 121
Bosch, H. 33
Breuer, M. 38 f, 58, 95 f, 98, 121, Abb. 1
Burchartz, M. 123

Campendonk, H. 123
Carrà, C. 123
Chagall, M. 38, 123
de Chirico, G. 123

Degas, E. 46
Delacroix, E. 46
Dewey, J. 8, 94, 102
Dexel, W. 123
Doesburg, Th. van 52, 56 f, 73, 117, 124

Eckner 37
Eggeling, V. 46
Einstein, A. 21, 50, 67
Engels, F. 76

Feininger, L. 24, 63, 123, 127, Abb. 1
Fiedler, K. 8 ff, 28, 118, 125 f
Fischer, Margrit 123
Fischer, Th. 13
Fourier, Ch. 76
Francke, Meister 33
Fry, M. 91 f, 120

Gabò, N. 87
Garnier, T. 16
Geymonat, L. 116 f
Gind 121
Gleichmann, O. 123
Gleizes, A. 124
Goethe, J. W. v. 125
Gontcharowa, Natalie 123
Gropius, Ise 122
Gropius, W. 7 ff, 11, 17 f, 21, 23 ff, 29, 36, 38, 40 f, 48, 53, 56 ff, 61 ff, 66 ff, 72, 74, 76, 78 ff, 85, 87, 89 ff, 98, 101 ff, 110, 112 ff, 116 ff, 121, 123 f, 126, Abb. 1
Grosz, G. 123

Hauptmann, G. 21
Heckel, E. 123
Heemskerk, M. von 123
Hegel, G. W. F. 15
Heidegger, M. 17, 55
Hess, W. 118
Hilbersheimer, L. 95
Hitler, A. 21
Hoetger, B. 123
Hoffmann, J. 21
Hofmannsthal, H. v. 21
Hugo, V. 46

Itten, J. 24, 32, 35, 123

Jawlensky, A. 123

Kandinsky, W. 24, 35, 38, 42, 56, 68, 123 f, Abb. 1
Kant, I. 15
Ketchum, M. 121
Kirchner, E. L. 123
Klee, P. 24, 35 f, 42, 56 f, 68, 123 f, Abb. 1
Koch, C. 121
Kokoschka, O. 21, 123
Kracauer, S. 46 (Fußn.)
Kubin, A. 123

Larionov, M. 123
Le Corbusier 67

134

Eva Schafferus

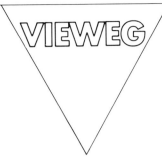

Karin Wilhelm

Walter Gropius,
Industriearchitekt

Mit 268 Abb. 1983. 314 S. 22 X 28 cm (Veröffentlichung des
Deutschen Architekturmuseums Frankfurt/Main, hrsg. von
Heinrich Klotz). Gbd.

Trotz der Werkverzeichnisse ist die Auffassung, Gropius' Indu-
striebauten bedürften keiner selbständigen Darstellung, lange
gültig geblieben; dies obwohl Walter Gropius in den gut zwanzig
Jahren seiner Tätigkeit als selbständiger Architekt in Deutschland elf Fabrik- und Verwaltungsgebäude ausgeführt oder ge-
plant hat, von welchen die Literatur allerdings nur sechs nennt.
Ein wesentlicher Teil dieser ersten grundlegenden Arbeit zur
Industriearchitektur von Gropius ist der Geschichte und Rekonstruktion der einzelnen Bauten gewidmet. In ihnen spiegeln
sich zudem die Entwicklungsstufen des Architekten; sie legen
vom Traditionszusammenhang des Frühwerks ebenso Zeugnis
ab, wie sie — über das Konzept zur Industriearchitektur hinaus
— Aufschluß geben über Gropius' Architekturauffassung überhaupt.

Friedr. Vieweg & Sohn Verlagsgesellschaft mbH · Braunschweig/Wiesbaden

Bauwelt Fundamente

Ulrich Conrads (Hrsg.)

Programme und Manifeste
zur Architektur des 20. Jahrhunderts

(Teilweise übers. von Henni Korssakoff-Schröder.) Mit 26 Abb. 2. Aufl. 1981. 181 S. 14 X 19 cm (Bauwelt Fundamente, Bd. 1). Kart.

Es hat in diesem Jahrhundert an kritischen und umwälzenden Aktionen und Verlautbarungen zur Architektur wahrhaftig nicht gefehlt. Der Vater der Futuristen, Marinetti, bekämpft schon 1914 die „gesamte (...) moderne Architektur" und erklärt, das dynamisches Bauen ohne schräge oder elliptische Linien nicht existieren könne. Die Auswahl — und um eine Auswahl handelt es sich hier — ist bewußt auf Texte dieses Jahrhunderts beschränkt. Dasjenige, was der Entwicklung um 1900 vorangeht, wird in anderen Bänden der Reihe ‚Bauwelt Fundamente' in seinen Zusammenhängen dargestellt. Für die Auswahl selbst war zweierlei bestimmend: es wurden nur jene Texte aufgenommen, die einerseits Initial oder Stufe einer bestimmten Entwicklung des Bauens bc deuteten, andererseits von bestimmendem Einfluß waren auf das Baugeschehen im mitteleuropäischen Raum. Die Texte sind nach dem Jahr der ersten Veröffentlichung geordnet.

Ulrich Conrads

Programme
und Manifeste
zur Architektur des
20. Jahrhunderts

Architekturtheorie/Ideengeschichte

Friedr. Vieweg & Sohn Verlagsgesellschaft mbH · Braunschweig/Wiesbaden